JN409052

박판석 시인

국립중앙도서관 출판시도서목록(CIP)

소년 오두산 : 박판석 시집 / 지은이: 박판석.
-- 광주 : 시와사람, 2018
p. ; cm. -- (시와사람 서정시선 ; 061)

광주문화재단에서 제작비 일부를 지원받았음
ISBN 978-89-5665-522-2 03810 : ₩10000

한국 현대시[韓國現代詩]

811.7-KDC6
895.715-DDC23 CIP2018031178

소년 오두산

박 판 석 시집

시 와 사 람

소년 오두산

박판석 시집

2018년 10월 10일 인쇄
2018년 10월 15일 발행

지은이 | 박 판 석
펴낸이 | 강 경 호
발행처 | 도서출판 시와사람
등　록 | 1994년 6월 10일 제 05-01-0155호
주　소 | 광주시 동구 양림로119번길 21-1(학동)
전　화 | (062)224-5319
E-mail | jcapoet@hanmail.net

ISBN 978-89-522-2 03810

값 10,000원

· 지은이와의 협의로 인지를 붙이지 않습니다.
· 이 책은 광주문화재단에서 제작비 일부를 지원받았습니다.
· 잘못된 책은 구입하신 서점에서 바꾸어 드립니다.

공급처 ■ 한국출판협동조합
경기도 파주시 탄현면 오금로 30
주문전화 (02)716-5616, 070-7119-1740

소년 오두산

■ 시인의 말

삼십여 년 밤무대 얼굴 없이 살아온
무명가수 노래를 듣다가, 문득
반평생 써온 내 시를 읽어 본다
나 또한 어두운 밤의 뒷면을 노래하는
가객이 아니고 무엇이랴?
어두움에 길들여져, 햇살 향해
처절한 몸부림 한 번 쳐보지 못한 채
손에서 시를 놓지 못하고 산다.
그러나
일기처럼 자꾸만 부르고 싶은 노래가 있어
세상 눈치 보지 않고
내 갈 길 하나 찾아가는
오솔한 길가에
초가집 한 채 짓는다
여기, 무명가수 하나 산다고

2018년 10월

박판석

차례

제1부 쿼바디스

제2부 산과 호수

제3부 물에도 날개가 있다

제4부 고향에 대한 소견서

1

쿼바디스

쿼바디스

그는

사슴 초등학교를 나와

원숭이 중 · 고를 졸업하고

사자대학을 마쳤다

그가

사자로 사회생활을 시작하자

초등학교와 중등학교를 함께

물어 죽였다

대추나무

들어가려면
굳게 닫혀 있고
나가려면
열리지 않은

대문 밖 담장 기웃거리며
한평생 살아온
늙은 대추나무 한 그루

닫힌 문
그늘진 안쪽에 피어있는 꽃

제 몸그늘 거둔 다음
몸 바꿔 찾아온
저 대추나무 목탁소리

고속버스에서

차창 밖 페이지가 자꾸 넘겨진다
강과 마을과 나무와 곡식들이 뒷장으로 접힌다

나무들은 하늘만 바라보며 날개를 편다
부동(不動)의 그들을 뒤로 밀며
사람들이 인형처럼 갇혀 실려 간다

기껏, 이 산에서 저 산으로
뱀 꼬리 같은 강물 끝에서 만나야 할 서사시를 쓰며…
보다 높이, 멀리 바라보면
지상에는 동적(動的)인 것이라곤 사라짐밖에 없다

세상은
하나의 고독한 고속버스
제자리에 저를 싣고 돌아오는 것
바람은 눈으로 풍경을 끌어들여
피상(皮相)을 싣고 갈 뿐
그들이 나를 바라보는 시선에 내가 실려
제자리에서 잠시 뒤척이는 나뭇잎처럼
나뭇가지에 매달려 바람에 흔들리며 가는
수많은 열매 중
작은 열매 하나 흔들리며 간다

우주

당신은
짧은 강을 건너는 내게
너무 많은 과제를 주시다

짐이 버거워
자꾸만 달아나는 나를
제자리에 붙잡아 놓고

하루살이 같은 내게
내일까지
지평선 끝까지 다녀오라는 것과
지구의 자전(自轉) 속
흔들리지 않고 사는 비법을 알아오라
긴 숙제를 내주시다

꽃으로 가는 길

생사(生死) 넘어 가고 싶은
모든 길들은
꽃으로 가는 쪽으로 기운다

산으로 가는 길, 들로 가는 길
날아가는 길, 기어가는 길
빌딩에 사는 길, 초가에 사는 길
땅에 사는 길, 하늘에 사는 길
길의 천지
길은 눈과 발과 머리가 있어
매양 손가락으로 가리키는
그 끝 남쪽에는
아름다운 꽃망울이 맺혀 있다

살아야 하는 일이 곧
꽃 피워야 할 과정이었던 것을,
꽃 한 송이 완성하기 위한
미완의 길이 더 많았던
인고(忍苦)의 시간
돌아보면 곁에 두고
피우지 못한 꽃망울들의 낙화(落花)

모든 길은
상여 위에 얹혀 가는 연꽃처럼
바람 부는 날을 접어
꽃으로 가는
끝없는 길이었다

짐

오십 대 중반인 그가 부리던
트럭보다 적재량을 초과한
세상의 무게를 싣고 들어와
이십 년째 산에 내려놓는 중이다

액셀을 밟아도 꿈쩍 않던 부동체가
어디서 고장 났는지, 산에게
시간 밖으로 밀어내주기를 바라며
전생의 발소리를 쉿!
산짐승 몰래 숨기는 중이다

밤이면 문 밖 부엉이 소리로 울고
낮이면 뻐꾸기 소리로 매듭 풀며
한겨울 몰아치는 눈보라에
산과 함께 묻히기도 하며
비탈 선 가지들이 몸서리칠 때
아픈 어깨를 뽑아 올리자
머리 위로 하늘이 보이고
세상의 문이 빠끔히 열렸다

산은 제 몸을 낮춰

아래로 내려가는 방식으로
그의 얽힌 매듭을 풀어준 것이다

부릉부릉!
하중(荷重)에 실린 짐을 덜자
날개가 돋았다,

한때 나도
산 그림자 속으로 들어가
산의 신세를 지고 싶은
젊은 날들이 있었다

마음

벚꽃 핀 거리에
이슬같은 봄비 내리는 날
무언가 두고 온 듯
창문을 열고 밖을 바라본다

두 사람이 벚꽃 그늘 아래 나란히 간다
한 사람은 노란 우산을 쓰고
한 사람은 우산을 접고 걷는다
벚꽃이 화들짝 핀
길은 하나인데
꽃을 우산으로 가린 길 하나와
우산처럼 머리에 이고 가는 길 하나가
나란히 간다

길 가는
방법이 서로 다른 길에
다정히 봄비가 꽃을 뿌린다

두 마디의 시

-어느 신부님의 글에서

신학교 때였다 종이컵에 커피 한 잔 들고
교실로 들어오다 부딪쳐 교단에 쏟았다
첫 수업 담당 교수 신부님이 들어오셨다
벽면 거울이 어쭙잖게 신부님 얼굴을 비췄다
학생들 가슴칠판에는 이미
"커피 엎지른 사람 나오세요" 하고 쓰여 있었다
등을 두르고 칠판 앞으로 간 신부님은
푸른 바다를 나는 흰 갈매기체로
"엎질러진 커피, 향기로운 아침"이라고
낙관(落款)을 찍었다
블랙홀이 화이트홀로 가는
짧은 두 마디
詩의 진한 냄새가
교탁에서 진동하는 아침이었다

현수막 앞에서

부처님 오신 날
임동 성당 앞 현수막에는
"축! 부처님 오신 날!"
봄바람에 꽃잎처럼 펄럭이고 있었습니다

크리스마슬 날
증심사 앞에는
"축! 아기예수님 탄생!"
이라고 쓴 현수막 위에
하얀 눈송이가 포근히 내리고 있었습니다

봄날 · 2

글자도 새가 되어

날아 가버린

묵뫼 앞 비문(碑文)

소쩍새 되어 돌아온

늙은 글자 한 마리

잠시 맺은 인연의 매듭을 풀고

처음으로 돌아가고 있네

노병(老病)에게

친구야
그만 가자, 간이역에서
너와 나의 몰골이 이게 무어냐?

나는 너를 이길 수 없기에
같이 이불 덮고
같이 밥 먹고
같이 앉아 TV 보고
같이 웃고 울고
내가 넌지 네가 난지
구분할 수 없는 한계령에서
너는 어느 날 내게 손님처럼 들어온 후
해와 달이 뜨고 한 식솔(食率)처럼 살았지
서로 낯선 뿌리로 얽힌 연리지처럼
절뚝거리며 걷는 한 몸이었지

너는 늘 다정히 나를 자리에 눕혔지만
동행(同行)하고 싶지 않아
이제 그만 헤어지자 해도
나를 너무 사랑하는지
종종걸음 치는 이승의 나와 저승의 너

화해할 그 무엇이 있기에
석양 속 한 마리 까마귀처럼 날아가는
저 검은 하늘을

흙으로 눈(目) 덮어 우리는
고맙단 말없이 서로 헤어질 것이다
한평생씩 짙은 핏빛으로 피었다 지는
동백꽃처럼
친구야

김안토니오 화백

오른손잡이 김화백의 색채는 강렬했다
어느 날
너무 오랜 사역(使役) 때문이었을까
화필(畫筆)은 그의 오른손을 떠나야 했다
자신의 붉은 피를 캔버스에 옮기다
몇 년 전 왼손에게 그 임무를 맡겼다고 했다

베토벤 귀처럼 오른 손이 잠들고
화필의 중심이 반대쪽으로 기울었다
명령하달!
임무를 준 왼손을 보이며 나에게
시간이 너무 빨리 흐른다고 했다

이제 시간마저 떠나려는가보다 걱정이다
떠나는 이야 수직으로 가든 수평으로 가든
정점에 이르는 길은 하나인데
시간에겐 바꿔줄 왼손이 없다

"내가 나의 영혼을 위해 충분히 행하지 못하고 내 직업에서
알파벳을 겨우 배우기 시작할 때 죽게 되어 유감입니다"
89세 베드로 성당 건축 수석 마켈란젤로가

상수(上壽)시대, 그의 가슴에 들어와 쿵쿵 뛰었다
그건 오른손이 왼손에게 배턴을 넘기는 소리 같았다

거짓말의 저수지

그는
거짓말 저수지에서 태어나
거짓말로 성장했고
거짓말로 감옥에 갔다

감옥은
거짓말을 가두는 곳

붉은 벽에 말을 걸자
벽은 등을 뒤로 돌려
메아리처럼 그의 말을 되돌려줄 뿐

그들의 저수지는
거짓말로 말라가고 있다
불로불사(不老不死)의 힘을 지닌
거짓말의 저격수
크로노스와 함께

묵뫼가

하루 이틀 일 년 십 년 아니 천 년
죽어 있으나 살아 있으나
하나도 다름 아냐

바람, 하늘, 산, 나무
계절들이 순례하는 대로 옷을 벗고 입는 거야

스러지는 기쁨
눈 하나 깜박 안 해
관 뚜껑 열고 꽃 피는 할미꽃처럼
희망이나 절망도
이름에 붙은 꽃
한 식솔(食率)인 거야

푸른 바다

짙고 푸른 동해에
젖은 몸을 헹궈
아주 빳빳하게 물기 한 방울 없는 오징어처럼
가을 햇살에 말리고 싶다

바스락 바스락 말라 떨어지는 젖은 생각의 파편
무엇에 끌려 여기까지 왔는지 배창시까지 환히 보이게
멱살 잡고 흔들어 빨래판 위에 비비고 틀어서
미운 때가 낀 오래된 거울을 닦아내고 싶다

순교자처럼 후회 한 점 없는
가을 하늘 푸른 바다
밑바닥 보일 때까지
바닷물 일부분이 더럽혀져
가을하늘 푸른 바다에 잠시 점을 찍더라도
소금발에 절인 몸 하얗게
명태처럼 된바람에 펄럭일지라도

지구에 두 발 딛고 두 눈 뜨고
검은 구름 헤치고 나온 햇살에
푸르게 말려

나를 입고 다니는 사람들에게
푸른 바다로 남고 싶다고
맺힌 소망을 말하리라

생각의 무게

당신
생각의 무게는 얼마인가?

한번 앉았다가 기억을 딛고 일어서는
내 생각의 무게는 칠십 이 킬로그램이다

일어서야 할 시간
반세기를 넘어 이념의 구렁에서 나올 생각을 접은
대한민국 생각의 무게는 얼마일까?

크로노스*의 두께만큼 길고 무거운
앉은뱅이 저울

지금 몇 시야?
한겨울 눈밭에 언 마음 녹이고
제 무게를 가볍게 털고 선 소나무가
무성한 초복(初伏)의 그늘을 내리고 있다

잠시 쉬었다 갈 시간들이
켜켜이 쌓인 제 무게를 가늠치 못하고
일어서야 한다는

강박감(强拍感)에 억눌려 있다

푸른 하늘을 바라본다
가장 무겁다는 것이 가장 가볍다는 것을 터득한
보잉 707기가
제 무게를 가볍게 들고
생각 밖으로 날아가는 것을 보았다

*시간의 신

바람 앞에서

우리는 누가
부르지 않아도 바람 앞에 선다
그러나 우리는
오는 것을 불러서 온다고 하고
가는 것을 불러서 간다고 말한다

오고 가는 것은 순례다
자연의 바람
바람은 늘 우리 곁에 있다

태평양은 태평양의 바람이
히말라야는 히말라야의 바람이
아프리카는 아프리카의 바람이
중동에서는 죽음의 바람이 그치지 않는다

바람은 하나
살아서 부는 바람, 죽어서 부는 바람
방향 없이도 가고 온다
내가 어머니로부터 온 것
네가 아버지를 여의는 것 또한 바람이다

바람은 밥처럼
아침이 꽃잎을 열 때
저녁이 꽃잎을 접을 때
꽃잎에 흐르는 강이다

한평생씩 우리는 접고 펴며
슬픔의 밥 기쁨의 밥
사랑하는 이들과 만나
악수하고 헤어지는 바람
그저 일상처럼 먹고 산다

젊은 시인이 어느 날 바람에 밀려 멀리 떠났다
바람은 아무 일도 없는 일상처럼
언덕에서 손을 흔들었다
눈물 한 방울도 없이

선생님께 드리는 보고

오늘 2018년 4월 27일
남쪽 문제인 대통령과
북쪽 김정은 위원장이
남쪽 판문점 평화의 집에서 만났습니다
세계의 기자들이 구름처럼 몰려오고
새, 바람, 진달래, 뻐꾸기 기자들도 모두 나와
판문점 부근 인근 야산에 진을 치고 있답니다
혹 선생님께서도 그곳에 초청 받으셨는지요?
선생님!
판문점 부근, 달라진 새 소리를 들어 보셨는지요?
피스(peace), 피스, 피스!
휴전선 화약 냄새 먹고 핀 진달래가
소나기 소리로 참았던 눈물을 쏟았답니다

선생님께서 지켰고 소대장인 내가 지켰고
우리 손자들이 소총 메고 서 있을 휴전선
귀 뜨겁게 타도록 들었던
대남대북방송도 철수,,,,,,
우선 이 사실만 보고 드립니다

'직녀에게'* 부치는 노래 소리도
천산북로를 넘어
좋은 소식으로 들려올 것만 같습니다

'우리는 만나야 한다'라는 말씀이
시공(時空)을 넘어서 돌아오고 있습니다

*문병란 시인의 시 제목

살아간다는 것

산이 요즘
밥 먹고 사느냐 물었다
산에게 나는
밥 먹고 산다고
말할 수 없었다

솔직히 밥이
나를 먹고 있다고
고백하고 싶었다

흘러,
산 아래 강물에게
한때 나도 그랬어, 라는 대답을
무척 듣고 싶은 날이었다

버스카드

주머니 속

詩를 뒤적이다

잃어버린 버스카드

차라리 시를 놓지

버스비 없는 천상병

아내에게 혼날 일이

어디 한 두 가지랴만

숙제 못하고 가는

학교 길 같아

가방 벗어던진 산마루

산벚꽃 저 홀로 진다

어떤 귀로(歸路)

눈보라치는 대한(大寒) 날
북부경찰서 정문 옆 쟁반처럼 둥근 양철통 위에
한 건장한 젊은이가 가슴에
대통령 퇴진이라 쓴 피켓을 들고 서 있었다

북풍에 뺨이라도 맞은 듯 상기된 표정 위로
붉은 노을이 귀가를 서두르고
거북이처럼 목을 움츠리고 종종거리며
사위(四圍) 둘러볼 틈 없이 돌아가는 시간

출퇴근 없는 젊은이는 전선줄 비비새처럼 홀로 서 있었다
술 한 잔 할 줄 아시오?
국밥집으로 갔다
따듯한 국밥 한 그릇과 막걸리 한 병
나이는 몇이요?
30대 후반입니다
장가는 갔소?
나라와 결혼하렵니다

석양의 국기는 동녘을 향해
따뜻한 국밥의 김처럼
하늘로 펄럭이고 있었다

하루살이

아침 먹고 변소에 가 담배 한 대 피고
점심 먹고 변소에 가 담배 한 대 피고
저녁 먹고 변소에 가 담배 한 대 핀다
모락모락 하루가 간다

태양, 달, 별. 바람
벗어나도 제자리로 돌아오는 사계(四季)
알아서 찾아오라는 듯 천 년을
산은 제자리가 제자리
내일로의 외출은 없다
우주를 벗어나지 못한 우리는
우주를 보듬고 하루를 보내며
원을 그리는 두두물물(頭頭物物)
별똥별 낙화 지점이 어디냐고 묻지 마라
내일 모르고 가는 것들이
얼마나 많으랴

아침을 먹는다
귓속말로 나를 다독이며
오늘 같은
내일의 석양이 있다고
사랑하자고…

2

산과 호수

산과 호수

산이 비상(飛翔)하려 하자
실핏줄같이 흐르는 지류를 묶어
호수를 만들어
산의 푸른 주머니에 넣어주었다

중량이 버거워 산이 날 수 없게 되자
호숫가엔 나무들이 모여들었다
짐승과 새들이 아름다운 집을 짓고
거울처럼 맑고 영롱한 호수에
낮엔 산봉우리들이 제 모습을 비춰보고
밤엔 별들이 반딧불처럼 날아와
어둠 속 사슴 눈망울 같은 파란불을
호수에 켜주었다

날개 접은 산의
들뜬 마음이 고요히 가라앉자
고기들은 호수의 품에
산의 알을 낳아주었다
달과 별도 바람 없는 날 몰래 들어와
초롱초롱한 그들의 알을 슬어놓고 갔다

무등산(無等山)

천황봉이 보이는 13층 베란다에서
광주에 살면서 무등산을 볼 수 없는 것은
숲 속에서 숲을 보지 못하는 것처럼 생각되어
이사 온 지 십여 년

누워, 엎드려, 창가에 서서
뚫어져라 바라보아도
종일
말 없는 산

허리를 쭉 펴고 누워
침묵이 터지지 않는 무등(無等)을
어떻게 하면
말문을 꺼낼 수 있을까 생각하고 있을 때

무등(無等)이 내게
조용히 다가와 물었다, 너도
사랑하는 사람들과
그렇게
살아가지 않느냐고

친구의 초대

수염 깎고 발 씻고 그를 만나러 가야한다
신던 양말, 세수하지 않은 채, 내 속의
찌꺼기를 거르러 찾아가는 것 같아
미안하다
빈부(貧富), 오욕(汚辱), 생사(生死)를 떠나
한 톨의 찌꺼기, 그 무엇도 좋다
좋으니 어서 오라는 듯
갇힌 마음 열어 풍선처럼 띄워놓고
구름창문을 열고 찾아오는 친구

그는 가끔 거나하게 취하면
"우주가 바로 네 꺼야" 라고 귓속말로 웃고
남몰래 곁을 주며 숲으로 나를 데리고
훨훨 날아간다

사람들은 그의 집을
청산(青山)이라 부른다
가난하고 낮은 곳일수록 잘 보이는 문패를
올려다보고 살지만,

그는 높은 곳에 살면서 낮은 곳에 눈 박고 산다

산 · 1

세상이 없어질 때까지
내려오지 않겠다고
비켜서지 않겠다고
꿋꿋이 제자리에 버티고 서 있다

자식을 가슴에 묻고 우는
어미새들을 바라보면서도
눈물 한 방울 없는 산

늘 밖에 서서
비 오면 비를 맞고
눈 오면 눈 뒤집어쓰면서

나무들은 산이
기쁨과 슬픔을 같이 해주길 바라지만
산의 마음은 아무도 정탐(偵探)하지 못한다
그렇지만 고독한 산이
제 가슴 쓸어내리는 걸, 비오는 날
어느 시인이 보았다

산 · 2

새와 짐승과 나무들만의 주소인가?
발자국 있는 것들은 모두
그림자를 거두면 주소를
산으로 옮겨가지 않는가

옛날 주소를 산에 둔 별의 조상이나
택시에 치여 산으로 간 이웃집 술주정뱅이도
비틀비틀 걸어 주소를 산으로 옮긴 지 오래

생전(生前) 오르는 모든 것들을
아래로 내려 보내는 산
산에는 가파른 비탈이 있어
함부로 오르지 못하는 준엄한 꾸중도 있지만
등정(登頂) 못하고 한평생 누워
산을 바라보는 벌판도 있어
3만 피트 상공에서 내려다보면
가장 먼저
땅 딛고 일어서 반기는 것은 무엇인가?

주소를 산에 둔 사람들이 모여
못 다한 소망을

우주에 쏘아 올리는 합장(合掌)이랄까

주소는 첩첩 준비돼 있으니
살아있는 것들이여 우리가 할 일은
저 높은 곳을 향해
땅에 발 딛고 호흡하며
꽃 같은 어깨를 빌려주는 일이 아닐까?

산지기

옛적엔
산지기가
나무 베러올까
산을 지켰고

오늘은
산지기가
산삼(山蔘) 지키러 서 있네

산신령님!
먼 훗날엔
산지기가
무엇을 지키기 위해 있을까요?

아! 그 누가
저 큰 산을 들어갈까
걱정이 되오

바람소리

무섭다!
어디서 나와 저렇게 몰려다니는 걸까?
밤 새워 울어대던 목소리가 쉬었다
방황하는 영혼이 머리채 쥐어뜯듯
지상을 풍선처럼 대밭에 올려놓고
뿌리째 흔들며 날 어디로 데려 가는 걸까?

한때
산 같은 어머니가 있어
겨울밤이 하나도 무섭지 않았다

아가!
무서워하지 마라
세상이 우는 것이지
바람이 우는 것이 아니란다

여기선
아무 소리도 들리지 않으니
네 마음속 깊이 흔들리지 않는
큰 산 하나
심어 두렴

규봉암

새인봉 정상에 부부가 다정히 앉아
콜럼버스 남편이
안개 속 입석대를
규봉암이라고 가리켰다

응! 그래, 아름답다
아내의 대답이 부드러웠다

세상을 잘못 읽고
입석대를 규봉암이라 부르며
우리는 살아온 적 있다

구름 속 잠시 벗어나면
푸른 하늘인 것을

눈부신 햇살 때문인지
단풍나무 노란 잎이
은행나무 잎으로 보였다

응! 그래, 은행나무야
그는 아내에게 살짝 끄덕여주었다

그의 대답의 머리 위로 툭!
단풍나무 한 잎이
소리 없이 떨어졌다

덕림산 소나무

-시인, 화가 K에게

학교 파하여 우리는
덕림산에 올랐지
소나무 한 그루 서 있는 언덕
교복, 검은 모자 눌러쓰고
둘은 연리지(連理枝)처럼 나란히 앉아
교지에 실린 시를 펴놓고
서쪽 하늘 노을의 시와 그의 시를
눈과 귀로 번갈아 읽고 외웠지

시(詩)가 뭔지 모르는 내게
그의 시가 동화 속 무지개 같아
이미지 깊이 흐르는
블랙홀에 빠져 풍덩풍덩 개수영을 했었지

그 현장을 어깨너머 몰카로
풀과 돌멩이, 자취방, 덕림산의 종소리, 무등산과 푸른 하늘이
천상과 천하에 숨겨놓은 것을 쉿!
우리 둘만은 몰래 일급비밀처럼 꺼내볼 수 있지
그것은 푸른 종소리의 시작이었어

산이면 산, 강이면 강
시의 천산북로를 걸어 허겁지겁 나는
여기까지 따라왔지
강산도 변한다는 십 년이란 언어는 수정되어야 해
우리 앉았던 낭만의 언덕엔 방송국이 우뚝 들어서 있고
강산 또한 순례자처럼
중심을 우리에게 주고
여섯 번은 변해야 할 시간의 틀만 바꿔 입었지

과거 현재 미래는 손님
소나무 아래서부터 짊어지고 온
그 길을 간다
달과 별과 시와 함께 총총

꽃잎의 방향

베란다 꽃나무 한 그루
무등산을 바라보며 살고 있다
꽃잎이 한쪽으로만 기울어
한쪽 날개가 무거워
기울어진 화분을 돌려놓으면
저녁 지난 다음날 고개를 돌려 산쪽으로
다시 중심을 흘리고 있다
아무래도 그의 곧은 뼈대를 위해
산을 들어 옮겨 놓아야 하나?

해바라기도 아닌 것이
산을 태양으로 착각했을까?
허리 굽혀 인사하듯 하염없이
산만 바라보고 있다

산을 보려 이사 온 사람보다
산을 좋아하나 보다 싶어
아침부터 저녁까지 일편단심
중심을 흔들어 본다
산을 벽 뒤로 옮겨놓으면
소림사 달마처럼
면벽구년(面壁九年)할 수 있을까?

영원한 집

오월이 오면
장미는 장미의 집을 짓고
찔레는 찔레의 집을 짓고
황새는 황새의 집을 짓고
나무는 나무의 집을 짓고
구름은 구름의 집을 짓는다

오월은
집 짓는 소리들로 야단법석이다

그해 오월
사우스 코리아
광주(光州)라는 나라, 망월동에는
피로 버물고 뼈로 엮은 집을 지어
가난하고 억압받고 그늘진
이웃 나라 손님들이 인사차 찾아오면

피로 정화된 물 한 됫박씩 퍼부어
목마른 그들의 목을
꿀떡꿀떡 채워주고 있다

無等山 원근법

상고(上古)부터 광주에 살고 있대
어떤 이들은 먼 중국쯤 있는 줄 알았다지
동가구(東家丘) 2013년 그가
국립공원으로 승격되었는데
주말이면 관광버스가 즐비하대
의로운 싸움으로 객지를 떠돌다 돌아와
서석대에 앉아 밥 먹는 형제들
단명했던 그들이 어떻게
천년 나는 학으로 하늘을 비상하는지 알 것 같아,
처음엔 남의 일 같았어
그를 사랑한다 고백하는 건
나를 위한 부끄러운 기도였어
곁을 주는 저 품 쇠돌을 주워
방짜유기점에서 무게를 헤아려 봐, 네 무게로 더불어
찡하게 우는 징 하나 만들 수 있을까?
소리 하나 담아낼 수 없다고 고백하는 건
먼 발라드, 작은 그릇의 징징 우는 소리야!
영적인 키워드는 히말라야보다 높아
천백팔십칠 고지, 아마 높은 이마가
아직은 차지
사랑한단 언어로만 오를 수 없어

도중 하산한 사람들이 많대
정상인 천황봉에 오르면
망월동 국립묘지도 금세 뛰어갈 수 있는 거리대
잉깔아버려야 할 휴전선도 여기선 잘 보인대
죽기 전 꼭 한 번 오르고 싶다고 말하지 말고
멀리서만 희미하게 바라보지 말고
어서 가까이 가봐

하느님 계신 곳

하늘엔 하느님이 없다
배고픈 아이들이 해진 옷 입고 사는
비탈진 골목 높은 흙 계단을 오르는 동네

누더기처럼 지붕을 누비고 사는
산골 외딴집
불임의 나무아래.

문드러진 발가락 치료하는
아프리카 오지 수단 선교사에게

1980년 광주 금남로 총소리
노동자 눈물 속, 민주 자유를 거스르는 곳이면
어디에나 계시는
하느님

늘 바쁜 일과를 치르시는 하느님을
어디 계신 줄 모르는 내가
성당을 찾아가 신부님에게 물어보는
일요일 오전

낮은 곳 가까이 계시는 하느님을
나는 깜빡깜빡,
벽공무한(碧空無限)에서 찾고 있었다는 것을
첨탑 종소리가 알려주었다

벚꽃나무

미치고 환장허것네
꽃으로 옷해 입고 꽃으로 신 신고
꽃으로 화장하고 꽃으로 밥 먹고
그는 全, 生이 꽃이다
논 가운데 서서 제 몸을 분신(焚身)해 놓고
과객(過客)들에게 불났다고 소리치면
마음 한 바가지씩 퍼서 꽃에 뿌리다가
제 몸이 타들어 가고 있다는 것조차 모르는 나그네
불 끄는 사람들까지 다 태우고야 마는 저 찬란한 질서
꽃이 되어… 제 안에 꺼지지 않는 불덩이 하나씩
누구나 가슴에 품고 살지만,
꽃으로 제 몸 사루는 그 모습을 바라보면 미치고 환장할 일이다

저 저 저
먼 짓이라냐
멍멍이 짖어대는 소리까지 꽃이 되어 날리는 봄
1년 단 한 번 벚나무 가슴에 이름표를 달아주는 봄
마음의 뿌리는 고향에 두고 출렁출렁
꽃 세상을 만들고 싶은 욕망이사
누구도 막을 수 없는 일이어서,

저 녀석 몇 살이지?
논두렁 위엔
아이가 벌써 성장하여
제 이름표를 달고 학교에 간다

위르겐 힌츠 페터 씨를 기다리며

-2017년 2월3일 광주 망월동으로 온다는 보도를 접했다

육체는 죽었으나 영혼은 펄펄 살아있다
영혼의 언론인, 푸른 눈의 목격자. 국적은 독일, 독일 제1 공영방송 리포터
1980년 5월 암흑의 도시 사우스 코리아 광주
선혈(鮮血) 자국 붉은 광주를 세계에 알려준 PEN의 전사(戰士)
죽음의 계곡에서 사람들의 입과 눈을 카메라에 담는 전령
그는 무등산 아래 핏빛으로 지는 장미를 보았다
아시아의 작은 나라에 등불을 켠 사람,
광주 사람들은 사실 위대한 성냥불꽃 같은 그 이름을 몰랐다
조국보다 세계 인권을 사랑한 사람.
전 인류를 사랑한 사람, 카메라 하나로 사랑의 방법을 찾는
그대를 오늘에서야 나는 아내와 영화 〈택시운전사〉에서 보았다
이탈리아 출신인 아르키메데 마르텔리 신부님이 고향으로 돌아가지 않고
담양 천주교 성지에 누워 계심을 볼 때

사랑이란 도대체 무엇인지?
그 깊이가 어디까지인 것인지?
밤하늘 별 헤다가 못 세고 돌아서는 아이처럼 헤아리지 못한다
오세요, 무등산이 기다리는 광주로, 위르겐 힌츠 페터 씨

1980년 5월 광주를 영상으로
당신은 절벽 사이에 갇힌 무등산을 꺼내어
그 암벽 사이로 흐르는 작은 물길을
평화의 강물로 이끌었습니다
온 세계의 귀가 흘러 모이는 곳
강물을 일으켜 바다로 이르게 하였습니다

당신은 연어였습니다, 갈매기 날고 푸른 파도치는
"광주 망월동 바다에 묻히고 싶다"고 말했습니다
상처의 바다 망월동에는 아직 남아있습니다
카메라에 담지 못한 사연들 있어
아직, 죽어 눈감지 못한 사연들
뒤따라오다 행방불명된 길 잃은 자들 있어
죽어서라도 당신의 바다, 카메라를 기다리는 사람들이
당신을 기다리고 있습니다

망월동 바다에는
'님을 위한 행진곡'을 부르며 기다리는 자들이 모여 있습니다
당신이 돌아올 자리를 광주는 비어 놓았습니다,
어서 오세요 위르겐 힌츠 페터 기자님
당신의 영혼과 함께 평화의 바다 광주로 오세요
어둔 밤을 밝히는
5월 영혼들의 촛불은 영원히 꺼지지 않습니다
진리를 불 태우려는, 살아있으나 죽은 영혼들이
한 핏줄이라는 명목으로 왕좌에 앉아
배를 채우고 있는 무리를 보고
당신은 그것을 또한 카메라에 담기 위해
이곳으로 오고 싶은 마음, 우리는 잘 알고 있습니다

끝나지 않은 슬픔의 도랑물이 출렁이며
돌아오지 않고 있음을 알기에
죽어서도 돌아와야겠다는 심지에 불을 붙이는
위르겐 힌츠 페터 씨!

당신의 카메라는 절벽만 찍어
절벽에서 돌아온 빛은 반사되어 무지개처럼 찬란하구려
용서하지 마십시오, 메이드 인 코리아 뉴스페이퍼

철벽보다 단단한 당신 나라의 분단 절벽은 이미 무너졌습니다
적벽돌은 원래 그 흙이 붉지 않고
청벽돌 또한 처음부터 푸른 것이 아니었습니다
사람이 흙을 구워 청(靑)과 적(赤)으로 빚었으니까요
더러운 이물질이 묻어 변질되는 향토 앞에서
메이드 인 코리아가 무엇을 전망하는 것인지
이데올로기로 갈라진 허리를 붙들고 끙끙 앓고 있습니다
위르겐 힌츠 페터 씨
당신의 카메라에 남아있는 필름으로 우주를 찍어주세요
코리아로 오세요, 어서 오세요
지구도 하나로 통일될 날이 수억 년 뒤에 올 거라는
과학자들의 말이 새삼스러운 일이 아닙니다
색깔 없는 여명의 아침입니다
당신이 돌아오는 길목에 서서
무등산이 잠을 못 이루고 있습니다
무등산을 들어 히말라야 정상에 올려놓은 당신
당신 곁엔 어두운 밤, 별이 된 시인을 비롯한
사회운동가 소설가 교사 젊은 학생들 가난한 천사들 모두 함께
통일의 종을 울려 주세요

피라미 떼

논 가장자리 물풀 헤치고 뛰어놀던
하얀 피라미 떼
가방 거꾸로 멘 채 한참을
오두산도 함께 쪼그려 앉아 바라보는 물가
그 아이를 만나보고 싶은 하지 무렵
그늘 내린 징검다리 건너 아이 찾아 그곳으로 갔다
플라스틱 농약 빈병이 피라미 떼가 되어 맴돌고
흰 구름 속 소나기처럼
비행기 농약이 살포되었다
유일한 꿈길에서 쫓겨난 아이는 갈 곳 없고
기계로 심고 거두는 논벌에서
만두레 소리야 서산 넘어 돌아올 줄 모르지만

고층 피라미 떼 모여든
귓불 때리는 굉음(轟音)을
한때 보리피리 소리라 생각해보기로 한다

실개천 맑은 봄바람 치마
물풀 삼아 흔들리는 푸른 하늘
어른 된 아이는 책상에 쪼그려 앉아
피라미 떼를 쫓고 있다

계단 · 1

오르기

힘들다

말하지 마소

내려오기

더욱 힘드니

햇귀가 놀처럼 산자락에 있을 때

미련 없이 서둘러서 내려오소

행복한 나라의 임금

노는 자에게 노는 수당을 주라
하루 몇 시간 놀았는지 체크하고
잠자는 시간은 빼라
쉬지 않고 종일 노는 자에게 더불 수당을,

아침 낮 저녁참을 주고
저녁에는 술과 안주를 주라

놀기 질리면
임금 없는 일을 시켜라

불만 가득한 자는
내 자리로 와
임무를 교대하게 하라

머슴 장가가기

창가에
물동이로 물을 퍼다 붓는다
여름 내내 놀고먹던 호랑이가
처서가 지나자 한꺼번에
뱀 혓바닥처럼 쪼갠 물을 창틀에 내리붓는다
처서 안에 무씨를 뿌려야 한다는 건
우리네 가훈(家訓)
새경 받아 장가가야 할 머슴이
나락 쓰러질까 봐 하늘에 대고 일갈
가로 닫듯 창을 꽝 내닫는다
호랑인 천둥 나팔 불고
무지개 원광(圓光)에 장가간다지만
나는 아니야!
호랑아!
물동이 좀 치워다오
나, 논에 일 나가야 한다

무등산의 일과

–증심사 종점에서

서로 먼저 타라 양보하는
썰물들이 모인
석양의 버스 종점

무등산은
강가, 마지막 윤슬에 모인 피라미 떼처럼
반짝반짝 사람 사는 모습이
그렇게나 좋은지

꼭두새벽부터 종점에 내려와
찾아온 손님들을
천황봉으로 모시더니

막차가 떠난 뒤
땅거미 질 무렵 돼서야
집으로 돌아가네

나무의 길

나무는
넓고 큰 세상이 보고 싶어
새벽부터 안개를 헤치며 산에 오른다

한 아름 세상을 안을 것 같은
정상 가까울수록
낮아지는 제 키를 보며 놀란다

어지러운 안개 속 9부 능선
제 몸 낮추는 법을 익히고
낡은 옷을 벗어버리자

나무는
더 큰 세상의
하늘을 나는
한 점
새가 되었다

3

물에도 날개가 있다

쓸쓸한 가을

강원도 어느 이름 모를

깊은 산 속

요양원으로 들어간 지

일곱 달째 된다고 했다

살아서는

돌아올 수 없다고 했다

물에도 날개가 있다

치르르 치르르 자전거 바퀴를 돌리며
물들이 모여 내려올 때
날개 치는 노랫소리가 들린다

물에도 날개가 있다는 걸 처음 느낀 날
물이 내리치는 걸 보았지
오르는 날개가 있다는 걸 몰랐다

산속에 선 지휘자 없이 바이올린을 켜는 놈, 투바를 부는
놈, 꽹과리를 치는 놈
징을 두드리는 놈, 북을 치는 놈,
그들이 연주하는 물의 교향악
날개로 산을 감싸 어린 나무들을 키운다
솔바람 불 때는 솔방울에 날개를 달아주고
제 얼굴에 달라붙는 솔방울도 하나씩 떼어 날개를 달아
장단에 맞춰 멀리 대처(大處)로 데리고 간다

여름은
물에 왜, 날개가 돋는지 알 수 있는 계절
물의 날개에는 마른 바람을 감아 재우는 노래도 있다

도서관에서 · 1

도서관이 늙어가고 있다
돌아온 길을 버리고 다시 갈 길을 찾고 있는 이들이
한 시간만 봐도 아지랑이가 된 활자를 뒤적이며
고향으로 떠나는
새벽 프렛트 홈에는 기다리는 이들이 많다

지나온 길은
도마뱀처럼 꼬리 떼고 달아나버리고
앞마을 강물 바닥도 말라 푸른 혀가 하얗다

다들 어디로 갔을까?
석양에 외려 책 속에서 길 잃고 나선 늦은 시간
민들레도 말바우시장 길가 좌판(坐板)에 누워
어디로 갈까 누군가를 기다리고 있다

저녁 햇살 아스라이 사라지는 에움길
얼마 남지 않은 늙은 오후를 데리고
허허벌판 외발로 선 황새처럼 그는
주유(酒油) 한 잔에
활강(滑降)의 자세로
날개를 펴고 있다

숲

혼자 마시면
한 잔에도 취해 쓰러지던 술병도
둥근 탁자에 여럿이 둘러 앉아 마시면
쓰러지지 않는다

낱낱의 술잔이 모여
낱알 같은 외로움이야 외톨이가 되고
세상은 새처럼 시끄럽게 밝아
흔들림이 모여 아름다운
숲

낮이면 불타는 태양도 한 잔
밤이면 어둠을 쓸어내리는 달도 한 잔
혼자인 것들은 모두 모여라
어울려 푸르른
숲으로 가자

졸업 없는 학교

팔순 넘은 그가
학교에 간다
네모난 도시락과
책 대신 아내를 넣은 배낭을 메고
무등산에 오른다
가볍다, 아내의 정성을 등에 메고 오르는 길
중머리 교실엔 벌써
도반(道伴)의 동료들이 햇살을 깔고 앉아
청황봉을 바라보고 있다
푸른 칠판엔 비행운이
머리 들어 지나온 생(生)을 보라는 듯
한 줄로 일필휘지 곧게 긋고 달아난다
산이 출석 부르는 소리는 침묵이다
꽃은 스스로의 이름을
잎으로 색깔로 위치를 고려하여 대답하지만
사계가 다른 호명은 누구도 예측하지 못할 때가 많다
산의 건강을 체크하며 바람은 장불재를 넘고
상급 학년이 물려준 나무의자는 낡아서
졸수(卒壽)가 되자 그는 아예 산 속으로 들어가
양지 바른 너럭바위 소나무 곁에
흙으로 둥근 집을 짓고 산다

그 후 그가 하산하는 걸 본 사람은 아무도 없다
사람들은 그가 가는 길을 따라
하늘 가까운 정상으로 가는 길을 물으며
끝없이 줄지어
이승을 넘어 학교에 간다

가을날의 시

비 내린 다음
가을 하늘처럼 맑고 깊은
너의 눈동자

어두운 눈을 비비며
초가을 숲이 더욱 푸르게
가까이 다가오는 아침

티 없는 창공을
어머니 젖가슴 어루만지듯
젖먹이 솜털구름 하나
꿈속에 놓고 간
황금 구슬 하나 산기슭에
주인 잃고 얼굴이 창백하다

창공을 가로지르는
비행기의 하얀 목소리
푸르게 물들어 뚝뚝 떨어지는데
한참 삭정이에 불붙은
늦은 말매미 소리가 툭, 부러진다

맑고 깊은
가을 날

비 내리면 우산(雨傘)이요
햇볕에 있으면 양산(陽傘)인 버섯들도
가을 하늘 햇살에
무거운 모자를 벗는다

무거운, 너무 무거운

아무도

도울 자는 없다

다만 네 자신뿐인

육체 하나

정신이 너를 들고 가기엔

너무 무거운

바람 없는 날

거미줄에 걸린

나비 한 마리

수선화

코끼리만한 암반을 물동이처럼 머리에 이고
'민속박물관' 이라 음각(陰刻)을 새긴
시립박물관 표지석(標識石) 그늘 아래
수선화들이 병아리처럼 노란 우산 받치고
절벽에 선 나무처럼 샛노랗게 질린 얼굴로
봄나들이를 나왔다가 나를 보고 화들짝 놀란다

순례자 봄바람이 아직
싸늘한 체온 속
새싹들이 손바닥을 쥐엄쥐엄 펴며
비엔날레 광장을 어슬렁어슬렁 돌아다니는 춘분(春分)
언덕엔 붉은 매화가 주위를 살피며
앙가슴 저고리 옷고름을 살짝 풀까말까 하는 날

커다란 바위처럼 먹구름이 끼면
우리도
저 작고 거대한 힘
노란 우산처럼
봄을 맞을 일이다

풀잎 하나

저 많은 풀잎들 중
하나쯤 뽑아버려도
아니 몇 포기쯤 베어버려도
흔적 없어

낫을 든
바람이 말했다

풀잎들은 일제히 까마귀 떼처럼
비 내리는 광장에 누워버렸다

번개치고 큰 바람 불어
칼날 부서지고 날이 샐 때까지
바람 앞에
반딧불처럼 어깨를 모았다

바람의 망나니도 춤을 끝내고
번지는 촛불을 끌 수 없다는 것을 알았는지
슬그머니 꼬리를 감추자
풀들은 바람을 차단하고야
끙,
힘차게 일어섰다

자화상

세상에서 가장 사랑하는 아내가
가장 무서운 사람이 될 때
세상에서 가장 존경하는 스승이
가장 무서운 사람이 될 때
지나온 길을 뒤돌아보아야 할
빨간 신호등이 켜짐

어제 비가 내렸다
발바닥 구멍 난 줄 모르고 신발을 끌고 밖을 나섰다
무서운 사람들은 거기에 있었다
비온 다음 뚫린 구멍으로 새는 물처럼 나를
나는 나만 모르고 끌고 다녔다

주차장 앞
한 송이 노란 민들레꽃

행인들의
조마조마한 발걸음 붙들고
보라는 듯
자신 있게 웃는 얼굴로
활짝 피어 있었다

홀로 피고 싶지 않은 꽃

홀로 산에 오르고
홀로 술집에 앉아
홀로 술 따르는 버릇이 생겼다
탁자 앞 한 사람 있어
홀로 술 마시는 모습을 본다
고희(古稀) 되어 홀로 된 큰 형님처럼 보였다
얼마나 마시고 싶으면 저렇게 혼자 마실까?
술잔을 잘근잘근 씹어 고독한 창자에 쑤셔 넣고 있는 것처럼 보였다
한참을 자상히 보니, 그는 나였다
외로운 사람은 스스로 외로울 수밖에 없다고 생각하며
닷새째 취한 눈망울로 산자락을 접고 내려오는
전화 벨소리도 울리지 않는
남의 나이로 사는 생의 대낮 그림자
벚꽃망울이 소녀 젖망울처럼 토실토실하다
벚꽃은 홀로 피지 않는다
낙화할 때까지
운명을 같이 하는 어깨의 힘
태양이 그림자를 접을 때까지
사랑의 근육은 튼실하다

누나의 팔

누나의 팔은 우주였다

누나 가신 길을

열어본 관 위엔

누나의 팔 여러 개가

나무뿌리처럼 뻗어

사랑하는 이들을 꼭 품에 안고

지상으로

새싹을

피워 올리고 있었다

신록

너에게
가야할 시간
흐트러진 머리를 곱게 빗는다

갈라진 산등성이를
다독이며 감추는 바람결처럼

보이지 않는 상처 아래로
모여드는
어린 짐승들의 초록 발자국

인형엄마

막내딸이
아이가 울자
아이 손에 작은 인형 하나를 사 쥐어주었다
아빠!
제 아가들이 울 때
떼어놓아야 할 때는
무언가 하나
손에 쥐어 주어야 해요
울어도 꼭 쥐고 울어요, 하면서
아이를 떼어놓고 나갔다
하!
인형도 엄마가 되는구나

이별은 바람이다

바람에겐 주소가 없다
늘 함께 살면서
마음까지 뿌리를 흔들어 놓고
눈물 뿌리게 한 다음
순례자(巡禮者)처럼 밝은 표정으로 되돌아온다

바람 없는 세상은 고인 물이다
외딴 기차역에 우리를 떼어놓고
가까이 또는 멀리서 손짓하며
거울처럼 출렁이기도 한다

수억 년 지나온 바람의 시간
방문객들은 역사를 만들고 고정시켜 묶어놓지만
바람은 죽어도 제 허물을 벗지 않는다

살아있는 것들은 모두
바람을 처마 밑에 걸어 놓고
아침저녁으로 문을 열고 닫는다

항아리 속 쿠마의 무녀처럼
바람을 먹고 살라 해놓았다

바람은 때때로 불어오는 우리들의 숙명이다
바람은 그림자처럼 밟히지 않는다

왜 우리는 바람을 떠나 살 수 없는가?
나는 어렸을 적에도 청년시절에도 나이 든 지금도 함께 산다
꽃의 목을 부러뜨린 바람의 기억을 잊지 못하지만
바람은 무언(無言)의 꽃잎을 열기도 했다
어제도 오늘도 내일도
바람은 어차피 - 사랑이라 기억하자

이슬의 그늘

엄마!
이 신발, 옷
주워왔제?

아가!
아니란다

어린 두 눈에
영롱하게 맺힌
이슬의
그늘이
차다

뉴스

해발 1,100m 국내 최대 고랭지 채소 재배지
강원도 강릉시 왕산면 대기리 안반데기
폭염 아래 배추들이 녹고,

북미(北美) 간
화산처럼 잠긴 불길 타오르고
언제 터질지 모르는 발등 위
"전쟁은 한반도에서 일어나니 걱정하지 말라"
고도의 전운(戰雲)이 감도는 하늘에 독수리 날고,

경북 울진군 서면 왕피리 박달재 산기슭
꼬막 같이 움츠린 남쪽 오지 마을
하늘 바라 땅 파먹고 사는 농부들
민들레초등학교 화단 꽃망울들이
폭염의 나날을
노란 꽃망울로 펑펑 피어나고 있습니다

4

고향에 대한 소견서

소년 오두산

록키나 안데스나 알프스처럼
눈도 눈표범도 살지 않는
소년이 살던
높고 아름다운 산

산이 높고 무섭다 해도
아홉 살 적 소년은
세계에서 오두산이 제일 높았다
진달래 피고 눈송이 날리는
할아버지 나뭇짐 위 나비 같은 산

가죽나무 까치집보다 높고 마당이 넓은
마을에서 맨 꼭대기인 소년의 집
동, 서, 남, 삼면을 논밭이
오두산까지 희망처럼 펼쳐져 있고.....
소년은 매일
꿈을 키워주는 산의 젖을 먹고 자랐다

좌우 산봉우리엔
이름 모를 거목 한 그루씩 서 있었는데
그것은 아마

세상의 소리를 듣는 산의 귀였는지도 몰라
언제 가까이 가보느냐 계산하다가
소년이 유학을 떠나자
나무도 함께 돌아오지 않았다

하! 소년의 그리움은 늘 그랬었지

넓고 푸른 바다도 좋지만
먼 곳을 소년과 함께 걸어온 길
소죽솥 부엌에 묻어놓은 고구마처럼
아직 따뜻하게 자리를 지키고 있는
산 아래 꼬막처럼 엎드린 동네
오두산 소년

지게 위에 짊어지고 "아가 너 크면 꼭
전답 다 팔아서라도 저 대핵교에 보내주마!" 하시던
조부의 언약을 귀 담아 듣고 쫑긋하게 서 있어
소년이 길 잃고 헤맬 때
부드럽게 어깨를 내주며 멀리
하시(何時)에도 달려오는 산

이름으로 높이로 내놓을 건 없지만
소년과 함께
세상에서 제일 높이 청청하게 서 있다

*함평 월야에 있는 산이름. 오수산이라고도 부름

폭설

할아버지는 닷새 장날이면
강마을 청년들이 팔러 온 자라를
동네 연방죽에 넣어주었다

한여름 텃밭 울타리 넘어오는 꽃뱀, 황구렁이
한겨울 폭설로
뒤란 닭장 곁, 몰래 들어온 꿩, 산토끼, 어린 노루
울타리 안으로 들어온
야산 손님들은 모두
우리 집 식솔이었다

사흘 밤낮 지치지 않고 내린 눈
눈보라 치는 폭설도 잦아져
혹한에 찾아오신 길손들에게
할아버지는 아랫목을 내주곤 했다

고향에 대한 소견서

반세기 하고 오년 흘러
고향에 돌아왔다
고향이 변했다고 하나, 당신은
고향보다 더 변했다
옷만 바꿔 입은 고향
당신의 변절에 비하면 아무것도 아니다

사람들은
고향이 저를 몰라본다고 탓하지만
고향은 바람처럼 불어오는 가난 앞에
큰 산과 강물은 그대로 두고
작은 산골짜기만 목장에다 팔았다

더러 순리를 거슬러 올라가는
제 키와 명예는 모르고
노루목 대밭 상수리나문들 성장하지 않고
어린 나이 다섯 살짜리 빛깔로
그대로 있으란 말인가?

그대여
고목 되어 쓰러진 당산나무 자리

삼거리 공단네 목로주점엔 분교가 섰다가 폐교되고
그림자만 펄럭이는데…
대처(大處) 물 먹고 찾아온 고향
불변(不變)으로 이름 붙여 애틋하대서야 되리오?

산 아래 엎어놓은
꼬막 같은 동네
당신 마음 뿌리 깊이
금맥으로 묻혀 썩지 않고 빛날 뿐

제4수원지

물 꼬리가 길다

물속 마을이 환하다

아! 올해는

뱀처럼 꼬리 흔들며 농사를 지어도 좋겠구나

어머니 아버지 두레질 어깨를 주무르는

봄비의 안마

안부의 꼬리가 길다

아지랑이

그리움은 먼 곳에 있다
그러므로 먼 곳은
그리움이 사는 고향

눈 내리면 홀로 눈길을 가는
만년설처럼 흰 봉우리를 가지고 있고

꽃 피면 산 너머
복사꽃처럼 화사한 길을 간다

그리움의 마음은 그리움도 몰라
모르는 이름으로 꽃 피고
모르는 이름으로 나뭇잎 지듯
그리움은 아른아른
가까운 곳도 멀리 보내
함께 사는 이 드물어
고향 앞 강물처럼 보내놓고
돌아오기를 기다리는 언덕에
홀로 산다

민들레 초등학교

민들레초등학교 운동장엔
웃음이 가득하네요
무슨 일인지 궁금해 하지 마세요
1학년 토끼 소녀들만 아는 사실이에요
천기(天氣)누설 되면 학교가 문을 닫아야 하므로
이웃 들국화초등학교 소년들이 궁금해
종일, 부엉이처럼 뚫어지게 바라보고 있지요
시계 없는 교실을
몇 시인지 모르는 잡초들도 함께 화단에서
아이들과 기웃거리며 교실을 들여다보지요
가끔, 탁탁 꼬리를 치며 고라니 부부가 운동장에서
집에 가라고 꽥, 기차처럼 소리를 지르지만
칠판에는 하얀 분필로 떠든 사람 이름만 달빛에 적혀 있어요
노루 새끼, 콩꼬투리, 암꿩과 수꿩, 너구리
담벼락엔 빼빼 마른 나팔꽃 수위 아저씨가
실처럼 가느다란 팔로 금을 그어보지만
아무도 그것에 구애받은 아이들은 없어요
순간 구름이 달과 별을 가려 한밤중 흉내를 내보지만
소녀들은 잠깐이라는 걸 잘 알지요
눈 내리면 기침소리로도 알 수 있는 소녀들의 비밀을

이웃 들국화초등학교 소년들만 모르는 것이 아니라
너 자신을 알라, 가르친 소크라테스도
이 학교 교훈을 몰랐을 것입니다

민들레초등학교 교훈은, 쉬!
태초의 비밀처럼 아무에게도 알려지지 않았습니다

'자라지 말자
어린이로 살자'였습니다

이 학교 교훈을 실천한 이들은
세상엔 하나도 없지요
어른이 되기 싫어 깊은 산골짝 민들레초등학교에 입학
했지만…
창공을 바라보며
소녀들이 킥킥 웃는 웃음소리만 초승달과 함께
들판 가득 메아리처럼 퍼진답니다

푸른 발자국

사람들은 발자국으로 산의 허리를 가른다
남과 북, 동과 서, 가슴에 금을 긋고
스스로 크레파스를 만든다

새나 짐승들은 발자국으로
산의 허리를 가르지 않는다, 그들은
맨발, 맨몸으로 길을 만들기 때문이다

산은 푸르다
모서리를 저며 어머니 젖가슴처럼
둥글게 만드는 그들의 습성 또한
푸르다

내가 넘어야 할 산엔 가끔
길 잃은 물길이 산정(山頂)으로 치솟는다

어머니!
제게 남은 길을 어떻게 가야 할까요?
어머니는 잠시 비행운(飛行雲)처럼
흰 발뒤꿈치를 살짝 펴 보인다

하늘은
다시 푸르고
어머니의 발자국은 보이지 않았다

다시 서울로

오늘도 촉촉이 젖은 땅의 가슴을 땅강아지처럼 열었다
가까운 숲에서 뻐꾸기가 소리의 집을 짓고 있었다
해가 동녘에서 하루 일과를 짊어지고 끙! 올라섰다
농부는 삽으로 파고 호미로 땅의 가슴을 후볐다
개구리가 생강나무 노란 꽃봉오리가 피어난 줄도 모르고
겨울잠에서 덜 깬 채 집이 헐려
알몸으로 누워 있는 방을 노크하자 깜짝 놀라 기지개를 켜며 달아났다
하루의 페이지를 접어
해가 지친 몸을 산허리에 걸칠 때까지
농부는 생강과 감자와 고구마를 밭이랑에 심고
토란은 물기 있는 곳을 골라 심었다
집으로 돌아온 밤, 어깨와 허리에서는
낮에 심어놓은 씨앗들이 소리 내어, 벌써
싹이 트는지 산모처럼 끙끙 앓았다
이제 농사 그만 집시다!
아내의 말이
다시 먹지 말고 살자는 말 같아 대답이 쉽지 않았다
뻐꾹뻐꾹 뻐억-꾸욱
아가! 너는 커서 이 담에 농사꾼이 되어서는 안 된다
공부를 일구어 면서기라도 해야지

식은땀 배인 뻐꾸기 소리가 등줄기에서 뚝뚝 떨어졌다
서울로 가자고 조르는 개구리 같은
둘째 놈 목소리 같았다

영호 아재네 소

영호 아재네 어미소가
어젯밤부터 자꾸 우는 것은
밤이 깊어서도 아니요
낮일이 피곤해서도 아니다

멀리 떠도는 꿈 하나
초등학교 1학년 국어책 첫 페이지
보름달이 둥실 빠져나가
서산에 웃고 있기 때문일까?
깊은 산골 자정, 별빛 더듬어
소죽 끓여오는 영호 아재 그 정성
뼬 속 깊이 파고들어 아려 우는 것일까?
아제아제 바라아제
제 아무리 목울대 치며 불러도
익지 않고 타는 소죽솥 감자처럼
검게 타는 마음 알아줄 사람은 없고
어메 어메 부르는 소리 저 혼자
갈대밭을 건너는데

돌아올 수 없는 그날을
되새김질하며

밤하늘 별들 반짝반짝
애틋한 속에 자꾸만 날개를 달아주니
바람에 날리는 불씨 하나
사립 열고 들어오는 소리

어메 어메 반가워
깊은 밤 넋 잃고 우는
영호 아재네 소

사돈

해남 바닷가
일주일 전 낙지 통발을 쳐놓고 바다에 나간 젊은 사돈을
어두운 운전으로 찾아갔더니
바다에 나가 석양에야 돌아왔다

추자도까지 한 시간 반 동안 홀로 파도를 헤치고
사돈을 위하여 잡아온 삼치 두 마리
어린이 팔뚝만한 5킬로쯤 된 삼치가 팔닥팔닥 뛴다
둘러앉아 즉석 회를 먹으며
말로만 표현해 무얼 해
아무 말 없이 먹기가 민망하여 술을 마셨다
술이 취해도 사돈인지라 무슨 말을 하고 싶어서
총력을 다 한 한 마디 말
'맛있네요'
속마음 고맙게 다 표현할 수 없는
나와 술의 싸움이 지속되고 있을 때
나에게 연민의 정을 느끼고 있었다
다음날
통발을 거두려 동네 앞 바닷가에 따라 나섰다
양복 정장 차림의 내가 뱃머리에 섰다
자지러지게 웃는 것처럼 파도가 일렁인다

반짝이던 구두코가 햇살에 빛을 발하고 있었다
낙지 열 마리 잡는데 통발을 뻘밭에서 거둬 올리는 시간은 두 시간
바다가 잠잠하여 다행이라 한다
모여 먹는데 5분밖에 안 걸렸다
낙지를 씹는 내 입이 썼다
우리의 삶이 그렇게
바다의 실타래를 풀고 있었던 것을
추운 겨울 바닷가 언덕 마늘들이
한겨울 밭에 쉴 틈도 없이 푸르게 빽빽이 서 있다
밭도 편히 한번 잠잘 수 없는 바닷가
바람도 바빠 다음 계절에 돌아오지 않을까 염려되는
푸른 파도 같은 마음들
파도가 옛이야기처럼 포근한
해남 땅끝

수업시간표

1

벽장 속 팽이도 저수지 너테 위로 나갈 차비를 눌러놓고
감나무 넘지 못해 가지에 걸린 가오리연도 그대로 두고
학교 종소리 듣고 교문 앞 참새들이 모여든다
1교시는 참새들의 음악시간
2교시는 잠자리들과의 비행시간
3교시는 물고기들과의 수영시간
4교시는 나비들과 함께 학교 꽃밭을 돌아보는 시간
점심시간 보리밭 문둥이가 나타났다는 소문이 퍼지고
오전 수업만 한다는 선생님의 말씀이 스피커에서 분사(噴射)되자
따라온 도시락은 쓸쓸했고
아이들의 환호성은 높았다

2

등굣길에 뒤따라오던 한 아이가 교실에 없다
아이를 찾으러 전교생이 나서야 한다
그 아이는 어디로 갔을까
아이들이 하나 둘씩 보리밭 길로 사라지고…

3
새벽안개가 저수지의 치맛자락을 걷어 올리자
영하 7도의 오두산 아래 집집마다
작은 등불이 켜지고
부엌에서 오순도순 어머니와 누나가 파를 다듬고
시레기 된장국 보글보글 끓는 소리
다듬이질 소리보다 더 쾅쾅 대문을 두드리는 소리
새벽 운동 시간이다
새벽 발자국 소리 더욱 귀에 차다

4
먼 고향에서 여기까지 오는데 1세기를 보냈다
길고 긴 강물 출렁이는 뗏목
전답 바꿔 대학 보내준 할아버지
그들의 기둥으로 약하다는 것을 생각하는 나는
출근을 서두른다

귀향

–매형 가시는 날

그가 무등산을 떠나
생전 가고 싶은 고향을 찾은 날
망월동 화장(火葬)터는
그를 태워
기러기의 몸으로 바꿔줬다

고향이 함흥이라고 했다
소년 군인으로 남쪽으로 와
살아서 가보지 못한 길
팔순(八旬)이 넘어서야
여권도 발부되지 않은 땅으로 훌훌
찾아갈 채비를 한 것이다

울다 지친 능선에 올라
푸른 산천 무등산 한 번 뒤돌아보고
한(限)처럼 길고 긴 영산강 줄기 바라보며
꺼이꺼이 기러기 한 마리
남쪽에 둥지를 두고 북으로
울며 떠나는 가을

새가 된 그의 영혼은
죽어서야 한 맺힌 장벽 허물고
한탄강 흐르는 휴전선 넘어 훨훨
슬픔의 강을 건너
남과 북을 자유로이 날 것이다

사랑하는 아내와 아이들 두고
북으로 가는 그에게
나무들은 꼬까옷 입고
철새가 아닌 기러기 날개를
꽃물로 곱게 물들여 주었다

증심사 벚나무

보리밥집 욕쟁이 할머니, 몇 해 전 먼 길 떠나시고
마당 뒷켠에 앉아 종일 외로운 휘파람 불고 있는
늙은 벚나무
겨울동안 고드름 같은 슬픔으로 울고 나더니
정월 하순 눈망울이 붉게 퉁퉁 부었다
집터엔 시누대들 푸른 외투 걸치고
마당엔 울퉁불퉁 불만의 주먹을 내밀고 있는 돌멩이들
텅 빈 마당가에 홀로 남아
바람의 나이를 세는지
늙은 벚나무 한 그루 시무룩이 서 있다

그러나 봄에 대한 무언의 약속은 화려하다
할머니가 그리운 사람들에겐
욕짓거리 넣은 보리밥 교반(攪飯)이 좋아
고추장 넣고 참기름 쳐 비비면
벚꽃 피는 소리가 들리는 것일까
배고픈 까마귀처럼 모여들었다

세월이 별 것이랴
산을 업고 바람재로 오르는 길은
주름살처럼 더 깊이 구불구불 패이고

처녀시절 할머니처럼 고운 벚꽃이
산화공덕 낙화하고 있다

늙은 벚나무에 꽃이 이울 자정쯤이면
할머니가 몰래
봄비와 함께 다녀가신 모양이다

*교반 : 북한어로 비빔밥

집으로만 가는 달

간호사 되어
뮌헨으로 떠난 그가
달만 보면 눈물이 난다고 했다
달빛이여!
뮌헨의 달빛이여!
왜, 너는 태어난 집으로만 가는가?
배불리 먹고 살면 그곳이 고향이라는데
그 먼 곳에서 지구 한 바퀴 돌아, 왜?
반평생을 살아봐도 고향이 되지 못해
계수나무 토끼 대신 떡방아 찧는
어머니 모습으로
쿵더쿵쿵더쿵 달빛 되어 떨어지는가
달 달 무슨 달
집으로만 가는 보름달

염일방일(拈一放一)

어린 조카를 별로 보낼 뻔했다
방죽에서 잡아온 가물치 새끼를
큰 항아리에 넣고 길렀다
가물치들이 힘차게 뛰어 노는 항아리를
보물단지처럼 애지중지 하였다
아이가 아장아장 물고기 친구가 되어보고 싶었는지
물구나무서듯 항아리에 거꾸로 박혔다
누군가가 소리치자
항아리 주변으로 가족들이 모였다
깊은 항아리 속, 초로(焦勞)의 시간
손에 땀을 움켜쥐고 있으나
돌멩이를 손에 쥘 생각은 아무도 못했다
항아리에서 아이를 꺼냈다
항아리가 우주보다 더 깊은 사실은
우리에게 만들어 놓은 것 속에
우리가 갇힌 절대의 신(神)처럼
스스로 만든 항아리를 깨뜨리지 못하고
속에 갇혀 운명처럼 산다는 것을
푸우!

*염일방일 : 하나를 얻으려면 하나를 놓아야 한다.

할아버지 · 1

한겨울 눈보라치는 날
높은 자리에 있는 우리 집엔
어제 왔던 각설이가 또 왔다고
꼭두새벽 참새들이 대밭에서
부엌 어머니에게 시끄럽게 고자질하는 아침
소죽 쒀 외양간 가는 할아버지가 이 광경을 보고
큰기침을 하자 참새들이 산탄처럼 흩어졌다

고요한 마루 끝에 밥상이 놓이고
밥상엔 젓가락이 없다
거지들 밥상에 젓가락을 놓으면 안 된다는
할아버지의 말씀은 우리 집 신앙
그 연유를 나는 아직 모른다

따뜻한 시래기국 사발에 연기처럼 하얀 김이
그들의 입언저리에서 솟고
한겨울 눈송이처럼 할아버지 철학이
모락모락 하늘로 피어올랐다

할아버지 · 2

할아버지는 함평 월야에서
도구통*을 패 짊어지고
송정리로 향했다

거기 한 끼 어려운
손녀 내외가 어린 딸을 데리고
겨울 냉골 방에서 살고 있었다

밥 먹고 사는 것이
할아버지 때문이라고 말씀하시는 누님의 말이
무슨 말인지 모르고 성장한 나는

할아버지처럼 나를 패서 짊어지고
올라가야 할 골고다 언덕이 있다
십자가가 있다

*사람의 힘으로 곡식을 빻거나 찧으며 떡을 치기도 하는, 속이 우묵한 나무나 돌로 만든 통(절구의 전라 방언)

할아버지 약전(略傳)

박(朴)자 백(白)자 원(元)자
우리 하나씨*는
조선 말기에 태어나 86세로 돌아가셨는데
꼿꼿이 영감이라는
동네 사람들 별명을 받고
돌아가실 때까지 꼿꼿이 살다가 돌아가셨는디
어린 시절 하도 가난해서
백짓장 같은 뱃가죽 틀어쥐고
함평천지를 떠돌았는디
누구 하나 손잡아 주는 이 없이 홀홀단신
손금 닳도록 남의 일하였는디
어린 시절 동생 하나 어디에 있다는 소식 듣고
떠돌아다니던 동생 찾아 데려와 살던 집 내주고
앞에는 오두산 서쪽에는 불갑산
동네에서 제일 높은 곳에 큰 집 지어 살던
박자 백자 원자
우리 하나씨
앞뒤로 전답 서른 마지기
나와 소까지 서른 두 마지기
작은 동네에서 부잣집이라 불렀는디
나는 어려서 부잣집이라는 소리가

제일 듣기 싫은 욕처럼 들렸다
소원 한 가지 내게 두고
돌아가신 뒤 살아온 생전 모습 글로 담아달라고
전답 팔아 국문과로 보냈는디
심부름 가는 길에 한 눈 팔고
여기까지 온, 날 보고 무어라 하실까
세상사 꼿꼿이 바르게 걸어, 나도
제 길을 찾아가는 꼿꼿이 할아버지처럼 되는 게 소망인디

*함평 사투리로 할아버지

안경

-제자 김삼억 군에게

가정 방문이 있었던 1987년 3월
형과 함께 살고 있는 산수동 자취방엔 벽지가 낡았다
그의 이야기를 듣다가, 왜? 이름이 '삼억'인지 궁금했다
깜박거리는 기억 하나가 내 속에서
동적구조(動的構造)로 우황을 앓고 있었다
태어나 삼억 정도는 벌어 살라고 아버지가 지어준 이름일까?
수많은 숫자 가운데 일억도 아니고 삼억이라
맴도는 이름의 기억이 떠나지 않는 어느 날
반동창회 초대에서 만나 접한 그의 소식

충장로 왕자관 옆 이 안경점은 웅장하리만큼 컸다
고난도 함께 성장했을 것이다
안경의 커다란 꽃밭
충장로가 내 것인 양 발걸음이 가벼웠다

"선생님, 언젠가 안경 하나 만들어 드리려고 마음먹었는데…"
그의 눈에서 딸각발이 남산골샌님이 떠올랐다

나는 지금 그 안경으로 글을 읽고 쓴다
환하다, 비틀거리며 지나온 가난하고 어둡고 긴 터널도
다 읽을 수 있을 것 같다
세상에! 안경 하나가 삼억이라니
수많은 별 중 하나가
내 눈 속에 들와 유난히 밝다

돌아오지 못할 강

돌아오지 못할 강을 건넌 자에게, 왜
돌아오지 못할 강을 건넜냐고 묻지 마라
잘못된 길도 길이기에
한 번의 실수로 가버린 되돌아올 수 없는 길을,
돌아오지 못할 길을 만들어 놓고
앞서간 사람들의 그림자가
너무 길지 않더냐

흠모의 땅
가보고자 하는 마음 죄가 되더냐
사랑하는 사람에게 가는 길이
외길만이 아닌 것을
돌아오지 못할 강을 건넜다고 탓하지 마라

동지섣달 매서운 바람
한새 뜰 건너지 못해
눈 뜨고 죽은 기러기 한 마리
부서진 날개를 끌고 바람은
어디로 가는 것이냐

하늘 날던 시절
어미 부르는 애틋한 입김 하얗게 얼어
뻿뻿한 하늘 응시하는 눈초리도
제 가져갈 것이 못돼
땅 위에 놓고 가는 것을

돌아오지 못할 강을 건넌 자에게, 왜
돌아오지 못할 강을 건넜냐고 묻지 마라

한평생씩 가는 길이
외길만이 길이 아닌 것을
돌아오지 못할 강 건넜다고 탓하지 마라

|해설|

생의 간곡함 또는 촘촘한 언어의 집

-"초가집 한 채"가 궁궐처럼 덩실하다

김 종
(시인, 화가)

일기(日記)처럼 자꾸만 부르고 싶은 노래가 있어/세상 눈치 보지 않고/내 갈 길 하나 찾아가는 오솔한 길가에/햇살 향한/초가집 한 채 짓는다/여기, 무명 가수 하나 산다고….

「시인의 말」에서 박판석(朴判碩, 1948~) 시인이 시 쓰면서 거처할 자신의 집을 이처럼 그려내고 있다. 평설을 시작하면서 필자는 나의 평생 친구 박판석 시인을 무엇으로 드러낼까를 요량하다가 심봉사 개안처럼 감격적인 생각들이 고스란히 모인 이 말들을 읽고 환희 작약했었다.

사실 이 말은 박판석 시인의 개인 소유이지만 필자 자신을 포함하여 많은 시인들이 이 같은 거처를 소망할 것 같다. "일기처럼 자꾸만 부르고 싶은 노래"를 위해 "세상 눈치 보지 않고" 호젓한 오솔 길가에 무명가수가 사는 초가집 한 채를 마련하는 박판석 시인, 그는 지금 우리가 찾아가는 문학나라의 시인이다. 그런데 이같이 마음에 드는 집을 시집에다 지어놓고 그의 마음은 얼마나 편안하고 덩실했을까. 아, 좋은지고. 가슴을 펴고 하늘을 보고 두 어깨를 젖혀 심호흡을 한다. 아니. 아니 이것들을 몽땅 내 것으로 해버리고 싶다고 세상사람 모두 듣도록 소리 지른다.

하나 둘 셋…. 눈을 들어 하늘을 본다. 피아노 건반 위의 파동이 또 다른 파동을 만들듯이 봉우리 봉우리 지은 산들이 한 몸처럼 저 먼 데까지 뻗어 내리고 있다. 그 흐름을 따라가다 보면 호남의 주맥 노령산맥의 태청산(太淸山)과 만나게 되고 토끼가 엎드려 달을 본다는 복토망월(伏兎望月)의 대혈(大穴) 함평 월야를 만날 수 있다.

노령산맥 태청산에서 시인이 나다

함평 월야(月也)는 태청산의 기운으로 펼쳐낸 운중반월雲中半月에 만월괘서(滿月掛西)의 대혈이 숨 쉬는, 대저 달이 밝은 쾌청한 고을이다. 소재지인 전하마을은 1912년 행정구역 개편까지는 연꽃밭이란 의미의 전하뫼[田荷山]라 하여 연꽃에 물이 당도한 연하도수(蓮荷到水)의 형국이며 걸출한 인재의 출현을 예언하고 있다. 또한 불갑산의 연실봉(蓮實峯)을 '연밥'이라 할 때, 월야의 넓은 들녘은 연밭이고 주민들은 송이송이 피어난 연꽃에 비유하곤 한다.

삼한 때의 월야는 마한이었다. 백제 때는 다지현, 고려

명종 때는 나주목 모평현, 조선조 태종 2년부터는 함평현 달애기로 부르다가 고종 3년부터는 함평군 월악면이 되었다. 1912년에 조선총독부 전남 도령 제2호가 발효되고 갈동면과 월악면, 대야면을 합쳐 '월야면'이 되는데 법정 12개리에 59개의 자연부락 중 양정리 방축마을로 우리의 시선은 좁혀져 간다. 조선조 말까지는 갈월(葛月)이라 이름 하던 동네가 삼한부터 형성되었다는 이곳 함평 월야면 양정리 방축 마을은 200년 전부터 입촌한 전주 이씨와 남양 양씨, 충주 지씨 등이 어우러진 유서 깊은 마을이다. 이 마을에서 '초가집 한 채'의 주인 박판석 시인이 고고지성을 발하였고 다음의 작품을 낳는다.

반세기 하고 오년 흘러
고향에 왔다
고향이 변했다고 하나, 당신은
고향보다 더 변해 고향에 왔다
옷만 바꿔 입은 고향
당신의 변절에 비하면 아무것도 아니다

사람들은
고향이 저를 몰라본다고 고향을 탓하지만
고향은 바람처럼 불어오는 가난 앞에
큰 산과 강물은 그대로 두고
작은 산골짜기만 목장에다 팔았다

더러 순리를 거슬러 올라가는
제 키와 명예는 모르고
노루목 대밭 상수리나문들 성장하지 않고
어린 나이 다섯 살짜리 빛깔로
그대로 있으란 말인가?

그대여
고목 되어 쓰러진 당산나무 자리
삼거리 공단네 목로주점엔 분교가 섰다 폐교되고
그림자만 펄럭이는데.....
대처(大處) 물 먹고 찾아온 고향
불변(不變)으로 이름 붙여 애틋하대서야 되리오?

산 아래 엎어놓은
꼬막 같은 동네
당신 마음 뿌리 깊이
금맥으로 묻혀 썩지 않고 빛날 뿐

-「고향에 대한 소견서」 전문

위의 시는 박판석 시인이 독자들과 얘기하고픈 「고향에 대한 소견서」이다. 직접적으로 풀어 말하면 "시로 쓴 고향"쯤이 될 것이다. 그러니까 박판석 시인이 "반세기하고 오년 흘러" 다녀온 고향에 대한 인상기를 한 자리 시로 엮어 미주알고주알 고백하는 내용을 우리가 마주하고 있는 것이다. 시인은 처음부터 "고향이 변했다고 하나, 당신은/고향보다 더 변해 고향에 왔다"는 것이 이 작품의 주제적인 내용이다. 고향이 변한 것은 분명하지만 당신은 그 고향보다 더 많이 변했으면서 무슨 할 말이 있냐는 것이다. 숫제 옷만 바꿔 입은 고향의 모습은 고향을 찾은 당신의 변절에 비하면 약과라는 의미다.

시인이 생각한 고향이 얼마나 변했는가는 이 시의 2연으로 옮기면 구체적으로 드러난다. 요컨대 "바람처럼 불어오는 가난 앞에/큰 산과 강물은 그대로 두고/작은 산골짜기만 목장에다 팔았다"는 것이 화자가 바라본 고향 변절의 전부이다. 그 죽일 놈의 가난만 아니어도 '작은 골짜기'마저도 목장에 팔아넘기는 일은 없었을 것이고 고향 또한 변절에는 이르지 않았을 것이란 암묵적인 의미를 읽게 한다. 통상적인 의미에서 변한다는 것은 '자연스럽다'는 말에 다름 아니다. '자연'이란 이름 앞에 시인은 "노루목 대밭 상수리나문들 성장하지 않고/어린 나이 다섯 살짜리 빛깔로/그대로 있으란 말인가?"를 항변처럼 들려준다. 그 동안 자신이 이룬 "키와 명예"는 어디에 두고 상대만을 향해 변절의 멍에를 씌운단 말인가?

분교가 섰다가 폐교된 자리엔 "삼거리 공단네 목로주점"이 들어섰고 그림자만 쓸쓸히 펄럭이는 폐교된 분교의 광경을 대처에서 물먹고 고향 찾은 시인은 "불변(不變)으로 이름 붙여 애틋하대서야 되"겠느냐고 결론을 낸다. 화자가 기억하고 찾은 그 시절의 고향모습은 이제는 그 어디에도 찾아볼 수가 없다. 연 날리고 썰매타고 자치기하던 그 무렵의 고향 정경은 산 아래 꼬막쪼가리처럼 오순도순 이마 맞대고 다정하게 어우러져 있었다. 그럼에도 그 고향은 "당신 마음 뿌리 깊이/금맥으로 묻혀 썩지 않고 빛날 뿐" 더 이상은 그 무엇도 일어나지 않았다는 것이다.

고향은 '무상(無常)'한가. '무상'은 유해한가. 고향이란 들 불변일 리 없고 불변이 진리는 더더욱 아닌 세상에서 화자는 무상한 고향을 향해 다다를 수 없는 애틋한 마음을 보내고 있다. 사람이 변하는 데 자연 위에 터 잡고 살아가는 인간이 무에 그리 대순가. 그 땅의 그 사람들이 들고 나는 고향이라고 변하지 않는대서야 어찌 사람 사는 곳이라 할 수 있겠는가. 그래서 시인은 대처에서 물먹다가 더 많이 변해서 고향만 변했다고 생각하는 자신의 변절(?)을 내심 꾸짖고 있다. 그러나 그 현장을 떠나면서부터 뉘우치듯이 고백한 그 사실마저도 또 다른 망각과 변절이 되고 그 다음의 뼈아픈 시간들로 마음 둘 곳을 찾아 정처 없이 떠돌게 된다.

세상에 변하지 않는 것도 있을까. 세상의 존재는 존재한다는 그 자체만으로 이미 변하고 있다는 증거이다. 존재한다는 사실 앞에는 바위도 물도 태양도 변한다는 사실에 예외가 없다. 요컨대 변한다는 사실에는 모두가 평등하기만 하다. 그런 터에 '고향'이란 사실적 존재가 이 같은 평등 앞에서 어찌 불변일 수 있겠는가. 분명 오늘 떠오른 태양은 어제 졌던 태양이 아니며 내일의 태양 또한 오늘의 태양과는 다르다는 사실이다. 일전에 어느 시인이 상대와 나눈 얘기에 "당신 변했다"니까 어찌 변하지 않고 살겠더냐며 한 술 더 뜨더라고 한다. 그래도 시인은 이 같은 변화 앞에서 무심할 수 없고 떨쳐낼 수 없는 우수를 노래하며 감당하는가 보다.

그가 무등산을 떠나
생전 가고 싶은 고향을 찾은 날
망월동 화장(火葬)터는
그를 바람과 구름으로 떠돌던 몸을 태워
기러기로 바꿔줬다

고향은 함흥, 소년 군인으로 남쪽으로 와
살아서 가보지 못한 길
팔순(八旬)이 넘어서야
여권도 발부되지 않은 땅으로 훌훌
찾아갈 채비를 한 것이다

울다 지친 능선에 올라
푸른 산천 무등산 한 번 뒤돌아보고
한(限)처럼 길고 긴 영산강 줄기 바라보며
꺼이꺼이 기러기 한 마리
남쪽에 둥지를 두고 북으로
울며 떠나는 가을

새가 된 그의 영혼은
죽어서야 한 맺힌 장벽 허물고

한탄강 흐르는 휴전선 넘어 훨훨
슬픔의 강을 건너
남과 북을 자유로이 날 것이다

남쪽에 사랑하는 아내와 아이들 두고
북으로 가는 그에게
나무들은 꼬까옷 입고
철새가 아닌 기러기 날개를
꽃물로 곱게 물들여 주었다

-「귀향 -매형 가시는 날」 전문

한 갑자(甲子)가 다된 세월에 박판석 시인과 지근의 거리에서 '친구'라는 이름으로 살아온 필자는 그의 표정만 봐도 무엇을 생각하는 지를 맞춰낼 것 같다. 그 같은 사이이니 그의 가정사 또한 마찬가지일 것은 불문가지. 그는 남동생 하나에다 세 분의 누님을 포함한 다섯 여자 형제로 도합 칠남매의 가정에서 장남으로 성장했다. 그런 가운데 "고향은 함흥, 소년 군인으로" 월남하여 친척누님에게 장가든 매형 한 분이 있었다. 위의 작품은 박판석 시인이 친형제처럼 지냈던 그 매형과의 사별 앞에서 부른 지극한 슬픔의 이별가인 셈이다.

작품 속의 매형은 망월동 화장터에 가서 "바람과 구름으로 떠돌던 몸을 태워/기러기로" 다시 태어났고 살아생전에는 찾아갈 수 없었던 함흥 땅을 "죽어서야 한 맺힌 장벽 허물고/한탄강 흐르는 휴전선 넘어 훨훨/슬픔의 강을 건너" "길고 긴 영산강 줄기 바라보며" 남쪽에 둥지를 두고 북으로 울며 떠났는데 바로 그 계절이 가을이었다. 인간 세상에서 '새'는 인위적 칸막이에 구애 없이 나는 자유의 표상이다. 현실 세계에서 어디든 날아 찾아 갈 수 있는 '새'는 사자(死者)의 원망(願望)을 담은 상여에도 새겨져 있다. 인간세상에선 부자유했으나 다음 세상에서는 두 날개 활짝 펴고 훨훨 날으라는 염원을 담았던 것이다.

신의 한 수를 요청하는 「쿼바디스」

근자에도 재개된 남북 이산가족 상봉행사로 금강산 온정각 일대가 울음바다를 이뤘다. 분단 70년인 지금에도 이산가족들의 슬픔은 녹지 않는 만년설처럼 민족의 깊은 아픔으로 응어리져 있다. 오매불망 망향에의 꿈을 놓지 않았건만 이들 대부분은 죽거나 심한 고령이어서 보호자를 따로 대령하면서까지 상봉의 자리에 참석하였다. 설 · 추석에는 북한강 강변에다 망향단을 차리고 합동제를 올리던 풍경마저도 이제는 이루지 못한 꿈을 안고 사라져가는 풍경은 아닌가 하는 안타까움이 있다.

위 작품은 제목 「귀향」에다 "매형 가시는 날"이란 부제를 달았다. '귀향'은 "고향 돌아가는 일"이다. 기러기로 변신한 '매형'은 푸른 산천 무등산을 한번 돌아보고 팔순이 넘어서야 생전의 고향 땅을 찾아 날개 쳐 날아간 것이다. 두 날개로 나는 '새'는 인간 같은 장벽이 없다. 그리도 그리던 고향이니 정든 둥지에 사랑하는 남녘땅 아내와 자식들을 두고 "여권도 발부되지 않은" 북쪽 땅을 찾아 가는 그에게 "나무들은 꼬까옷 입고/철새가 아닌 기러기 날개를/꽃물로 곱게 물들여 주었다."는 가슴 따뜻한 전송을 노래하고 있다.

떠나는 자의 뒷모습은 누구에게나 슬픈 법이다. 그러나 고향을 찾아서 날개를 펼친 기러기 한 마리의 노래는 어디든 자유하게 훨훨 날을 수 있음이니 "꺼이꺼이 기러기 한 마리" 나는 일은 진정 멀어도 외롭지 않겠다는 생각이 든다.

그는

사슴 초등학교를 나와

원숭이 중, 고를 졸업하고

사자 대학을 마쳤다

그가

사회생활을 사자로 시작하자

초등학교와 중등학교를 함께

물어 죽였다

-「쿼바디스」 전문

앞의 두 작품과는 대단한 반전을 읽었다. 우리는 짧지만 상징성이 높은 촌철살인적인 작품으로 박판석 시인을 만나고 있다. 매사 차분한 이야기를 조단조단 엮어가는 박판석 시인의 작품으로선 다소 의외의 느낌이지만 그의 작품적 표정 하나를 읽을 수 있다는 점에서 의미 있겠다고 생각한다. 이 작품에서 박 시인은 '그'의 일대기를 노래하지만 '그'가 누구인가는 아무래도 상관이 없다. 문제는 '그'도 여느 사람 중의 1인이고 '사슴초등학교'를 졸업할 때까지는 온통 사랑 투성이였을 테니까. 그러던 '그'가 '중, 고를 졸업'하고는 원숭이처럼 미운 존재로 바뀌었다. 그리고 '대학'을 진학하고 학교를 마칠 쯤에선 그는 초등학교와 중등학교를 물어죽이는 무서운 '사자'가 되어있었다. 우리는 이 작품에서 일단은 사랑스럽다가 그 다음은 밉고 그리고는 무섭다는 세 개의 단계를 순차적으로 읽어가게 된다. 이제는 '사자'가 되어 학교를 마쳤으니 다음의 단계는 '사랑스럽고' '밉고'에 상관없이 자신보다 힘이 약한 상대라면 막무가내 물어 죽이는 몹쓸 존재로 전락한 것이다.

같은 얘기일지 모르겠는데 독이 오른 칠팔월 초목들을 보면 위의 시는 실감이 커진다. 봄날에는 초목들이 사슴초등학생이 연상될 만큼 부드러운 연둣빛이었다. 그러다가 늦은 봄쯤이면 산야에 들어찬 원숭이 중, 고생 쯤된 잡초들을 대하면서 패죽이고 싶을 만큼 미워진다. 그런 뒤에는 이른 아침부터 매달려도 밭뙈기를 온통 점령해버린 억센 잡초들의 김매기에 기진맥진하고 만다. 그래도 여기까지는 약과다. 다음의 단계는 독이 오른 풀들이 흉기처럼 강하고 날카롭게 변해있고 그 풀들을 제압하기 위해 예초기를 앞세워 소탕작전에 돌입한다. 요컨대 추석을 앞두고 벌이는 '벌초'작업은 '사자'가 된 풀들과 전쟁을 벌이는 일에 다름 아니다.

「쿼바디스」는 우리 사회의 한 단면을 짤막하면서도 극명하게 형상화한, 시적 성공이 두드러진 작품이다. 초등학교와 중, 고등학교 학생들을 보호하고 돌봐야할 대학교 졸업자가 되레 힘세고 날카로운 이빨의 '사자'가 되어 무자비하게 물어 죽이고 말았으니 이보다 살벌한 일이 어디 있겠는가. 이 작품은 해석여하에 따라 여러 의미로 나뉠 수 있다. 작품 속에 등장한 '그'의 성장과정은 변화가 빠른 세태를 읽어낼 수도 있고 학력사회의 심각한 폐단을 지적한 경구적인 작품으로 읽을 수도 있다. '약육강식'이란 표현만으로는 설명이 부족한 생존 전쟁의 한 현장을 상징성 높은 표현으로 집약시켜 우리 독자들을 섬뜩한 상황체험의 현장으로 인도하여 절로 움츠리게 하는 작품이다.

제목으로 쓰인 '쿼바디스'란 "신이시여 어디로 가시나이까?"를 의미한 라틴어 문구인데 시인이 갈길 몰라 판단을 구하는 자리에서 우리 사회가 처한 질곡의 한 단면을 어찌 구해내야할지에 '신의 한 수'를 요청하는 형식인 것을 인지할 수 있는 작품이다.

산이 요즘

밥 먹고 사느냐 물었다
산에게 나는
밥 먹고 산다고
말할 수 없었다

솔직히 밥이
나를 먹고 있다고
고백하고 싶었다

흘러,
산 아래 강물에게
한때 나도 그랬어, 라는 대답을
무척 듣고 싶은 날이었다

-「살아간다는 것」 전문

작품이 품을 열어 발언하는 바는 "흘러,/산 아래 강물에게/한때 나도 그랬어, 라는 대답을/무척 듣고 싶은 날"이 우리가 읽어낸 메시지의 전부이다. 이 작품에는 '산'과 '나' 그리고 '산 아래 강물' 등 세 개의 사물이 저마다의 위치에서 연달아 발언의 수위를 달리 하고 있다. 그리고 작품의 진행 과정은 "밥 먹고 산다고/말할 수 없"는 자신들만의 처지를 하소연의 형식으로 고백에 다다르고 있다. 작품의 시작은 "산이 요즘/밥 먹고 사느냐"는 질문으로부터인데 조금은 생뚱하기도 하다. 그런데 이게 이 작품의 맛을 더한다. 성공한 작품이라는 의미이겠다.

작품 속의 질문자가 외려 "산에게 나는/밥 먹고 산다고/말할 수 없"는 처지를 "솔직히 밥이/나를 먹고 있다고/고백하고 싶었다"로 바꾸어 발언하고 있다. 그리고 다음으로 이어지는 '흘러'에는 장강 같은 많은 시간이 포함되어 있다. 단순하면서도 짧은 시간이 이처럼 표현되었음도 심상찮거니와 '흘러'를 많은 사건적 진행이 경과한 시간으로 읽어낸 사실 또한 필자만의 독법일지 모르겠다. 그리고는 숨겨둔 '강물'을 슬며시 꺼내어 관심의 방향을 돌리면서 시의 여운을 꼬리 사리는 시인의 기교가 남다르다. '산'과 '나'는 직접 대면의 상대이다. 그리고 '강물'이라는 제3자적인 사물을 매개하여 '고백'에서 '대답'까지를 고스란히 보여주고 있다.

산과 나와 산 아래 강물, 이들 3자는 해석하기에 따라 여러 상황을 연상할 수 있다. 의외의 질문법으로 시작한 산과 나는 같은 처지이기도 하고 서로를 살피고 의지하는 의존적 관계이기도 하다. 그런 처지이니 고백하고 싶은 것을 그대로 내려놓고 대신 각자의 입장을 재인식케 하는 효과가 있다.

"놀기 질리면 임금 없는 일을 시켜라"

이 작품에서의 화자는 '나' 하나에 모아지는 것을 볼 수 있다. 그리고 그 화자에 의해 세 개의 사물의 관계가 '밥'이라는 매개 항으로 교묘히 조립되고 동병상련의 처지가 감잡히는 강물의 등장으로 '나'의 위치는 은근슬쩍 봉합되고 있다. 그러나 세 개의 사물이 빚어낸 모든 정황의 직접적인 대답은 유보되어있다. 그러면서 살아간다는 선명한 듯하면서도 애매모호한 흐름이 작품의 독자성과 주제를 결론짓고 있다.

제목에서 읽히는 「살아간다는 것」의 명제적 의미는 제3자적 관계를 심정적으로 살피고 감 잡는 일이다. 이는 이 작품의 독법이 상당해야 다다를 수 있는 질문의 형식이고 밀고 당기면서도 짐짓 늦춰둔 강물의 대답에 이르면 '밥'은 파생된 여러 대답으로 뻗어가고 있음을 인지할 수 있겠다. 상념의 깊이가 도저한 느낌의 작품인 때문이다.

노는 자에게 노는 수당을 주라
하루 몇 시간 놀았는지 체크하고
잠자는 시간은 빼라
쉬지 않고 종일 노는 자에게 더불 수당을,

아침 낮 저녁참을 주고
저녁에는 술과 안주를 주라

놀기 질리면
임금 없는 일을 시켜라

불만 가득한 자는
내 자리로 와
임무를 교대하게 하라

-「행복한 나라 임금」 전문

"노는 자에게 노는 수당을 주라"니! 우리 살아가는 세상에 이보다 매력적인 나라가 또 있을까. 이런 나라가 존재할리는 만무하고 지구상 어디에든 구상되고 있다면 그런 나라는 그 '임금' 자신이 최우선 자원자로 나설 것 같다. 더구나 "잠자는 시간은 빼고" "하루 몇 시간 놀았는지 체크하고" "쉬지 않고 종일 노는 자에게 더불 수당을" 지급하는 나라, 그럼에도 '잠자는 시간'만은 예외로 한다면서도 그것으로는 부족하니 "아침 낮 저녁참을 주고/저녁에는 술과 안주를 주라"니 이보다 더한 주지육림의 사회보장국가가 또 있을까. 이 나라에서 '임금'은 이중(二重)의 의미가 읽히는 어휘이다. 노동자가 노동의 대가로 사용자에게 받는 '품삯'을 의미하는 '임금'이 그 하나이고 동시에 군주국가에서 우두머리를 지칭하는 '임금'을 함께 의미한다.

칸트는 자신의 『판단력 비판』에서 '노동'과 '취미'의 문제를 선명한 개념으로 설명하고 있다. 그에 기대면 '노동'은 "대가 없이는 하지 않는 일"이고 '취미'는 "대가가 따르지 않아도 자신이 좋아서 하는 일"로 정의되어 있다. 이외에도 덧붙여진 '취미'의 의미는 덧붙여 "즐기기 위해서 하는 일"이거나 "아름다운 대상을 감상하고 이해하는 일" 쯤으로 풀이하고 있다. 노동과 취미를 이리 선명하게 표현한 박판석은 확실히 자신만의 시적 방법에 나아간 것으로 보인다.

이 시의 제목에 등장하는 '행복한'이라는 관형어도 다분히 이중적인 의미가 돋보인다. 이 시의 내용대로라면 쉬지 않고 종일 노는 자에게 대가를 지불하라는 '더블 수당'과 하루 세 끼니를 주고 저녁은 '만찬'으로 "술과 안주"까지를 얹어서 주는 이리 행복한(?) 나라를 박판석 시인이 우리가 발 딛고 살아가는 지구촌 어딘가에 건설해 놓았다. 이런 나라는 세르반테스가 창조한 「돈키호테」처럼 박판석 시인이 건설한 전형(典型)으로서의 '국가'일 수 있겠다. 현실에서는 황당하기 짝이 없는 이 같은 '뜬구름공화국'이 박판석 시인의 머릿속에서 건설되다니 작품상이긴 하지만 이런 나라의 광경은 들여다보는 것만으로도 시 읽는 맛이 절로 커지는 것을 어찌 모른 체 할 것인가. 에라 모르겠다. 그런 나라의 존재여부는 물을 필요도 없겠고 독자로서의 우리가 이 작품을 읽었다는 사실만도 절로 덩실해지는 기분을 느낄 수 있다.

이 작품의 제3연에 오면 "놀기 질리면/임금 없는 일을 시켜라"고 통 큰 느낌으로 직격탄을 날린다. 아닌 게 아니라 노는 일도 하루 이틀이거나 열흘 한 달이지 노는 날만 계속되면 이 지상은 그 자체로 짜증범벅이고 지옥도 그런 불가마가 없을 것이다. 지옥이 느껴지면 불만은 가득하게 되어있다. 그런데 그 같이 불만 가득한 자가 있거들랑 '내 자리'로 와서 '임금 임무'를 교대하게 하라니 이건 또 무슨 난린가. 여기에서 "내 자리"는 임금의 자리이고 '임무'는 다름 아닌 임금의 임무이다.

바로 노는 "일에 질리면 임금 없는 일을 시키라"는 그

"임금 없는 일"은 '품삯'없는 일이겠으나 그 일을 관리 감독하는 '임금'이 없는 곳이란 동시적인 의미로도 읽히는 것이겠다. 어쨌든 좋다. 임금이 노는 자에게 베푼 이 기상천외한 은전에도 불구하고 불만 가득한 자가 있거들랑 자신의 자리를 걸고 임무를 교대하게 하라니 이쯤에 와버리면 우리의 상상은 멀찌감치 그 한계를 넘어서는 일이 되고 만다. 대저 「행복한 나라 임금」이란 박판석 시인이 건설한 크나큰 시적 유토피아로 떠올라 이 시를 읽는 독자에게 나름의 상상을 부가하여 기상천외한 사건으로 확대되고 만다.

위의 시를 독서하면서 문득 '천국'이나 '극락'으로 지칭되는 하늘나라는 시적 명상으로 접근하자면 지루함만 가득한 참으로 권태로운 세상이 아닐까 싶다. 놀기도 지칠 만큼 편하다 보면 하품에다 기지개켜기조차 따분하고 사람을 만나는 일 따위는 부담되니까 일부러 피하는 상황이 연출되리라는 생각이 위 시를 대하는 자리에 떠오른 생각이다. 우리는 부러 '행복한'이라는 관형어를 제목에 얹어서 그걸 반어적으로 이야기하는 박판석 시인의 시작(詩作) 의도를 읽어낼 필요가 있겠다. 일하지 않고 노는 날만 되풀이된다면 이 지상은 그날부터 생기(生氣)가 사라진 침통한 '회색'세상으로 채색될 것이고 우리가 지금까지 살펴온 보편적인 인간 세상과는 담을 쌓는 참으로 해괴한 세상이 열릴 것이 아닌가.

그는

거짓말 저수지에서 태어나
거짓말로 성장했고
거짓말로 감옥에 갔다

감옥은
거짓말을 가두는 곳

붉은 벽에 말을 걸자
벽은 등을 뒤로 돌려
메아리처럼 그의 말을 되돌려줄 뿐

그들의 저수지는
거짓말로 말라가고 있다
불로불사(不老不死)의 힘을 지닌
거짓말의 저격수
크로노스와 함께

-「거짓말의 저수지」 전문

「거짓말의 저수지」에는 얼마나 많은 거짓말이 담겨있는 걸까. 넘실거리며 주름주름 다가오는 '거짓말' 파랑을 상상하노라면 그게 어떤 모습 일까가 궁금해진다. 작품 속의 '거짓말'은 '그'로부터 시작한다. '거짓말 저수지'에서 태어났으니 당연히 '그'의 부모는 거짓말 저수지이다. 요컨대 '그'는 거짓말 저수지의 자식인 것이다. 거짓말 덕에 성장했고 거짓말로 감옥을 갔었다. 온통 날밤 새운 거짓말로 이 세월을 보냈는데 '그'가 감옥에 가면서부터 거짓말도 감옥에 갇히는바 되었다. 태생부터 거짓말의 자식이던 '그'를 감옥에다 가두니까 그로 인한 거짓말도 감옥살이를 하게 된 셈이다.

감옥살이 관계로 '거짓말'을 더 이상 외부로 내보내지 않게 되자 감옥 내의 '붉은 벽'이나마 말을 걸어보려 하지만 돌아앉은 벽은 등으로 말을 받아 메아리처럼 되돌려 올 뿐이다. 거짓말만 담아둔 그들의 저수지는 거짓말 주술이라도 걸린 듯 속절없이 말라가고 있다. 당초 '그'가 태어났던 거짓말 저수지는 그를 성장시켰고 감옥에 보냈지만 등을 돌려 그의 말을 메아리처럼 되돌려준 연유는 따로 있을 것 같다. 처음 「거짓말 저수지」는 등장인물이 단수인 '그'였다가 마무리에 와서는 '그들'이라는 복수로 바뀐다. 처음에는'그'였다가 뒤에 와서 '그들'이었다면 아메바처럼 핵분열을 일으킨, 우리가 모르는 다른 사유가 존재한단 말인가.

호수에 내려와 제 몸 비추는 산봉우리들

이 작품의 맨 마지막 행에는 '크로노스'가 등장한다. '크로노스'는 크라이노(kraino), 즉 "완성된 자"란 말에서 유래되었으며 그는 대지의 여신 가이아와 하늘의 신 우라노스와의 사이에서 태어난 티탄 신족 12신의 막내였었다. 그는 장성하면서 아버지 우라노스의 남근을 잘라 거세시킨 후 우주의 지배자 즉 최고신의 위치에 등극한다. 말하자면 여기가 서양 신화의 아버지 거세가 시작되는 부분이다. 작품이 보여준 것과는 달리 크로노스는 그리 선명한 신이 아닐진대 "불사불로(不老不死)의 힘을" 지닌 영웅이고 거짓말을 격살하는 저격수라니 좀은 의아스럽다.

제우스의 아버지이기도 한 크로노스는 자신도 막내아들 제우스에 의해 타르타르스라는 지하 세계에 갇히는 신세가 된다. 헤시오도스에 의해 기록된 이 섬뜩한 이야기는 훗날 많은 시인 작가들에 의해 예술 작품의 소재가 된다. 아버지 우라노스에게 고통과 시달림을 받은 어머니 가이아를 복수하는 대목은 통쾌하기까지 하다. 허지만 그 또한 아들에게 갇히는 신세가 되기까지의 물고 물리는 이야기의 실타래는 많은 예술적 천재들의 상상력을 다양하고 풍성하게 자극했던 것이다.

주술에 걸린 거짓말 저수지는 거짓말 저격수 크로노스와 함께 말라버리지만 '그'를 둘러싼 거짓말 세계의 신화성은 또 다른 의미를 지어내는 원천으로 읽힐 터이다.

> 산이 비상(飛翔)하려 하자
> 실핏줄같이 흐르는 지류를 묶어
> 호수를 만들어
> 산의 푸른 주머니에 넣어주었다
>
> 중량이 버거워 산이 날 수 없게 되자
> 호숫가엔 나무들이 모여들었다
> 짐승과 새들이 아름다운 집을 짓고

거울처럼 맑고 영롱한 호수에
낮엔 산봉우리들이 제 모습을 비춰보고
밤엔 별들이 반딧불처럼 날아와
어둠 속 사슴 눈망울 같은 파란불을
호수에 켜주었다

날개 접은 산의
들뜬 마음이 고요히 가라앉자
고기들은 호수의 품에
산의 알을 낳아주었다
달과 별도 바람 없는 날 몰래 들어와
초롱초롱한 그들의 알을 슬어놓고 갔다

-「산과 호수」 전문

산과 호수를 불러내어 동화 한 편을 우리 앞에 펼쳐낸 위의 작품은 시작부터 "산이 비상(飛翔)하려 하자/실핏줄같이 흐르는 지류를 묶어/호수를 만들어/산의 푸른 주머니에 넣어주었다"는 사연이 읽힌다. 산의 비상이 미수에 그치는 순간을 이처럼 재미있게 그린 것이다. 이제 산은 날개는 가졌으되 날 수 없는 닭처럼 버거운 중량 땜에 그대로 주저앉고 말았다. 새삼 "닭 쫓던 개 지붕 쳐다보는" 광경이 연상된다.

몸무게는 늘고 날개는 퇴화한 산, 그래서 하늘과 만나면서도 날 수 없는 그 "들뜬 마음이 고요히 가라앉"은 산은 호숫가를 중심으로 나무들을 부르고 짐승과 새들에게 아름다운 집을 짓게 한다. 바야흐로 대자연은 산을 중심으로 거처를 마련하고 오만가지 조화를 펼쳐간다. 이 자리에 조물주의 모습은 보이지 않지만 비상하려는 산의 지류를 묶어 호수를 만들고 그 호수를 산의 주머니에 넣어 충분히 상상할 수 있는 존재로 그리고 있다. 체중 때문이긴 하지만 일단 산이 날 수 없게 되자 호숫가로 모여든 나무들과 아름다운 집을 짓는 짐승과 새들, 그리고 맑고 영롱한 거울 같은 호수에다 제 모습을 비추는 산봉우리들, 어디 그뿐인가, 밤이 되면 날아든 반딧불이가 "사슴 눈망울 같은 파란불을 호수"에 밝혔으니 바야흐로 세상은 만화경이 방불한 별천지가 되었다.

산도 더 이상은 어디론가 날아갈 들뜬 생각 대신 고요히 가라앉힌 호수의 품에 들어와 산의 알을 낳는 물고기들, 바람도 잠이 든 잠잠한 날, 달과 별도 초롱초롱 알을 슬어놓고 갔다는 이야기 등으로 이 작품의 서사적 스토리는 끝이 나지만 정작 박판석 시인이 꿈꾸고 의도한 그 다음이 궁금해진다. 대자연은 장자의 생각처럼 무(無)에서 절로 일어났고 일어난 만큼 어우러진 거대한 유기체적 구조물이라는 것이다. 조물주가 산의 비상을 주저앉힌 이유는 무엇일까. 선명하지는 않지만 호수라는 푸른 주머니를 중심에 두고 슬그머니 산봉우리까지 제 모습을 비춰 보이는 광경은 상상만으로도 아름답고 싱그럽다.

유경환 시인이 쓴 「호수」라는 동시는 "호수가 산을 품을 수 있는 것은 깊어서가 아니라 맑아서."라고 노래한다. 필자는 유경환의 시적 사유가 오래도록 마음에 번져

지워지지가 않는다. 인간 세상에 시인의 서정보다 아름다운 노래가 있을까. 박판석 시인의 순결하면서도 신명난 한 자리의 자연을 대하면서 필자의 뇌리에는 "산과 물의 상생관계"가 스쳐갔다. 산과 물은 높고 낮다는 점에서 상반된 형상을 한 두 개의 사물이다. 낮고 높다는 의미에서 이들은 상호 유기성을 눈여겨 볼만한 비상한 시선을 요구한다. 우선 높이 솟아 위의(威儀)한 산들도 물의 흐름만은 활짝 품을 열어 잘 흐르도록 도와주고 그 흐름을 귀한 손님처럼 멀리까지 내바람한다. 그러면 물은 흐르면서 산들의 밑뿌리를 적시고 그들의 키를 자라게 한다는 것이다. 오늘 솟아난 산들의 높은 키는 간난아이 시절부터 물의 조력으로 올려 세운 바로 그 높이라는 사실이다.

필자는 인간 세상에 '서정'만큼 늘 푸른 식물이 있을까를 생각한다. 목적을 의도한 구호적인 것들은 당장은 힘이 있고 으리번쩍하지만 시간이 지나면서 이날껏 이내 시들해지는 것을 보아왔다. 황진이의 시조작품은 오백년이 지난 오늘에도 여전히 사람의 심금을 울리는 감동을 준다. 그러나 고려와 조선조 천년은 시문장의 우열로 입신출세를 갈랐지만 그 시대에 우수하다고 평가된 작품들은 지금은 단 한 줄도 남아있지 않는다는 사실이 많은 얘기를 한다. 순수 서정의 길은 어렵기는 해도 제대로만 찾아가면 시간의 흐름에 제약받지 않고 늘 푸른 소나무 같은 감동으로 우리 곁을 흐른다는 사실이다.

저 많은 풀잎들 중

하나쯤 뽑아버려도
아니 몇 포기쯤 베어버려도
흔적 없어

낫을 든
바람이 말했다

풀잎들은 일제히 까마귀 떼처럼
비 내리는 광장에 누워버렸다

번개치고 큰 바람 불어
칼날 부서지고 날이 샐 때까지
바람 앞에
반딧불처럼 어깨를 모았다

바람의 망나니도 춤을 끝내고
번지는 촛불을 끌 수 없다는 것을 알았는지
슬그머니 꼬리를 감추자
풀들은 바람을 차단하고야
끙,
힘차게 일어섰다

-「풀잎 하나」 전문

우주에 실려서 나풀거리는 풀잎 하나의 중량은 얼마나 될까. 봄날이 되어 언 땅을 열고 싹을 틔운 풀잎들을 보노라면 그들 풀잎의 위력이 얼마나 큰지는 감이 잡히지 않는다. 김수영의 「풀」에서 우리가 떠올린 풀은 민중들의 이미지 고양에 손색이 없다. 모택동은 풀잎도 바람 따라 눕는다면서 인민들을 향해 시의에 따른 처세를 주문하기도 했었다. 사람 사는 세상에 풀은 많이 널린 만큼 하찮다. 그래서 쉽게 뽑아버리거나 베어내곤 한다. 그러나 곰곰 새겨보면 하찮은 생명이 이 세상 어디에 있을 것이며 무시해서 좋을 존재가 어디에 있단 말인가.

"자라지 말자, 어린이로 살자"라는 교훈!!

"낫을 든 바람"은 풀잎 위에 군림하는 위압적인 존재로 다가온다. 풀잎을 일으키기도 하고 숨죽이게도 하고 때로는 풀잎의 생사여탈권까지도 눈 하나 깜짝하지 않고 행사할 수 있다고 믿는 위세 등등한 권력자들과 한 하늘 아래 살아가고 있다. 그래서 "저 많은 풀잎들 중/하나쯤 뽑아버려도/아니 몇 포기쯤 베어버려도"를 아무렇지 않게 여기며 으스대는 자들과 얼굴 마주하며 살아가고 있다. 심지어 그들은 애시당초 '풀잎'과는 DNA부터가 다르다며 자신들 존재가 특별하다고 생각하고 있다. 풀잎을 향해 어디서 무엇을 해도 상관없다고 믿는, 그래서 군림하는 일이 그들의 생존조건의 일상성이 되어버린 어처구니없는 족속들인 것이다. 그런 무리들이 이 작품에서는 일괄 "낫을 든 바람"으로 표상되어 있다.

3연에서 펼쳐낸, 비 내리는 광장에 까마귀 떼처럼 일제히 누워버린 풀잎들은 더는 감당할 수 없는 극한상황에서의 광경이건만 바람의 눈으로 보면 무능하고 무기력한 자들의 무대책처럼 비쳐진 참 한심스런 현장이었을 것이다. 춥고 배고프고 의지할 곳 없고… 그런 마당에 "번개 치고 큰 바람 불어/칼날 부서지고 날이 샐 때까지" 더는 가망 없다고 여길 때 "반딧불처럼 어깨를 모"은 풀잎들의 결사가 한눈에 들어온다. 망나니의 춤을 끝낸 바람을 상대하여 촛불 든 풀잎들은 번져가는 들불이고 높은 키 세운 거대한 파도처럼 몰려다녔다.

이 자리의 바람은 이내 꼬리를 감추고 퇴장한다. 인해전술이 아니면 끔쩍도 않을 바람들의 차단된 위세가 슬그머니 꼬리를 감춘 풀잎이 되어 '끙'하고 일어서는 광경은 생각만으로도 볼만했겠다. 비 내리는 광장에 까마귀 떼처럼 사생결단으로 누워버린 풀잎들이지만 이 같은 사태 앞에 맘만 먹으면 마구잡이로 낫을 든 바람이라도 텅 빈 들녘에 혼자 남았을 때처럼 몸이 떨리고 무서웠을 것이다.

힘 가진 바람은 자신들의 일은 모두가 정당하고 거룩한 특별한 일이다. 그래서 풀잎들이 바람을 타고 나풀거리는 현장이면 적이 마땅할 수가 없음은 물론이다. 민중을 '풀'에 비유한 것이 '민초'인데 연약한 풀잎의 현실에서 칼날이 부서지고 날이 샐 때까지 바람 앞에서 바람 모르게 반딧불이처럼 어깨를 모으는 풀잎들의 결사는 장하고 옹골지다. 이들이 "바람을 차단하고야" 힘차게 일어설 수 있었음이 지금까지 민초 중심의 역사가 아니던가.

민들레초등학교 운동장엔
웃음이 가득하네요
무슨 일인지 궁금해 하지 마세요
1학년 토끼 소녀들만 아는 사실이에요
천기(天氣)누설(漏泄) 되면 학교가 문을 닫아야 하므로
이웃 들국화초등학교 소년들이 궁금해, 종일
해가 달이 되고 달이 해가 되도록
부엉이처럼 뚫어지게 바라보고 있지요
시계 없는 교실을
몇 시인지 모르는 잡초들도 함께 화단에서
아이들과 기웃거리며 교실을 들여다보지요
가끔, 탁탁 꼬리를 치며 고라니 부부가 운동장에서
집에 가라고 꽥, 기차처럼 소리를 지르지만
칠판에는 하얀 분필로 떠든 사람 이름만 달빛에 적혀 있어요
노루 새끼, 콩꼬투리, 암꿩과 수꿩, 너구리
담벼락엔 빼빼 마른 나팔꽃 수위 아저씨가
실처럼 가느다란 팔로 금을 그어보지만
아무도 그것에 구애받은 아이들은 없어요
구름이 순간 달과 별을 가려 한밤중 흉내를 내보지만
소녀들은 잠깐이라는 걸 잘 알지요
눈 내리면 기침소리로도 알 수 있는 소녀들의 비밀을
이웃 들국화초등학교 소년들만 모르는 것이 아니라
너 자신을 알라, 가르친 소크라테스도
이 학교 교훈을 몰랐답니다

민들레초등학교 교훈은, 쉬!
태초의 비밀처럼 아무에게도 알려지지 않았습니다

'자라지 말자
어린이로 살자'였습니다

이 학교 교훈을 실천한 이들은
세상엔 하나도 없지요
어른이 되기 싫어 깊은 산골짝 민들레초등학교에 입학했지만…
창공을 바라보며
소녀들이 킥킥 웃는 웃음소리만 초승달과 함께
들판 가득 메아리처럼 퍼진답니다

-「민들레 초등학교」 전문

"창공을 바라보며/소녀들이 킥킥 웃는 웃음소리만 가득한 하늘에 초승달과 함께/들판 가득 메아리처럼 울려퍼"지는 '민들레 초등학교'는 박판석 시인이 작품 속에 건설한 학교 이름이다. 이 학교의 일들이 궁금하여 안달이 난 "이웃 들국화 초등학교 소년들"이 "해가 달이 되고 달이 해가 되도록" 종일 부엉이처럼 뚫어지게 바라보지만 도대체가 그들의 일을 알아낼 길이 없다. 교실에는 시계도 없어서 시간 가는 줄 모르는 잡초들만 아이들처럼 교실 안을 기웃거릴 정도이다. 그리고 집에 가라고 꼬리를 치며 기차처럼 꽥 소리를 지르는 고라니 부부도 작품

진행에 동원된 재미있는 무대 장치중의 하나이다.

민들레 초등학교 칠판에는 노루새끼부터 암꿩과 수꿩, 너구리까지 떠든 자의 명단에 들어있고 넘어오지 말라고 '나팔꽃 수위 아저씨'가 빼빼 마른 가느다란 팔로 금을 긋고 있지만 그런 일에 구애 받지 않을 학교가 민들레 초등학교 학생들의 모습이다. 이 학교의 소개는 이쯤 설명하지만 베일에 둘러싸인 이 학교의 교훈은 태초의 비밀처럼 아무에게도 알리지 않을 만큼 한사코 비밀에 부친 상태인데 박판석 시인이 전후사정 모르고 천기누설하기에 이르렀다. 감히 메가톤급에 해당할 만큼 대단한, 소크라테스도 몰랐던 이 학교의 교훈은 "자라지 말자/어린이로 살자"였다니 이 지구상에 이리 풋풋하고 기상천외한 은유적 공간이 어디에 있단 말인가. 자라지 말고 어린이로 살자니 이는 꼼짝없는 박판석 시인 자신을 두고 하는 말이다.

필자는 "시계가 없는 교실"을 노래한 이 학교를 독서하면서 중국고사에서 읽었던 '무릉도원'의 이야기를 떠올렸다. 아시는 것처럼 '무릉도원'은 4세기 무렵 중국의 후난성(湖南省)의 무릉(武陵)이라는 지역에서 고기 잡는 어부의 이야기이다. 어느 날 어부는 고기를 잡기 위해 강을 따라 계곡 깊숙이 들어갔는데 계곡 을 따라 복숭아꽃들이 만발해 있었다. 어부는 계속 복숭아꽃을 따라가다 보니 계곡물이 솟아나오는 수원 근처에 작은 동굴이 있었다. 동굴 안으로 들어가자 갑자기 시야가 밝아지더니 평탄한 대지가 나타난 것이다.

그곳의 사람들은 여느 세상 사람들과 다를 바가 없었으나 어른 아이 할 것 없이 한결같이 한가롭고 즐거운 모습이었다. 어부를 발견한 마을 사람들은 어디에서 왔느냐 묻고는 술과 닭고기요리를 가져다가 대접해 주었다. 어부에게 아래 세상에 대해서 하나하나 묻던 그들은 진(秦)나라 전란이 일어나자 가족 친지들이 이 산속으로 피난을 왔고 세상과 절연한 지금은 어느 시대인지를 모르고 지내는데 대략 500년쯤을 바깥세상과 단절되어 지낸다고 얘기하였다. 어부가 여러 날을 돌아가면서 대접을 받고 돌아가려 하자 마을 사람 중 하나가 이리 말하는 것이었다. "이 마을에 대해서는 절대로 다른 사람에게 말하지 말아 달라"는 말에 그러마고 말한 어부는 나오는 도중 도중에 표시도 하고 눈여겨보며 자신의 마을로 와서 관리에게 그간의 일을 얘기하고 그 마을을 찾아갔으나 끝내 찾을 수가 없었다.

이상은 도연명의 「도화원기(桃花源記)」를 짧게 줄인 이야긴데 길을 잘못 들면 누구나 겪을 법한 이야기를 현실감 있게 그리고 있다. 그리고 그들의 거처는 신비감이 감도는 신선들의 세계 같건만 특별한 치장도 없어서 서민적 정취가 물씬거리는 장소였다. 그리고 누구나가 꿈꿀 수 있는 전원 주택지쯤의 공간에 존재함직한 '별천지'로 이해하면 무방할 듯하다. 무릉도원 이야기는 바로 '별천지'의 이미지가 다분하고 박판석 시인의 「민들레 초등학교」 또한 이 같은 이미지가 겹쳐진다. 여기에서 우리가 '별천지'의 이미지를 강조한 것은 그가 설정한 고향이 여러 사물들 중 하나인 「민들레 초등학교」와 매우 흡사하다는 점에서이다.

'무릉도원'이나 '민들레 초등학교'에는 공통적으로 '시계 없는 교실'이 존재한다. 그처럼 세상에 시계가 없으니 "자라지 말자/어린이로 살자"의 세계가 온전한 모습으로 펼쳐지는 것이다. '무릉도원'이나 '민들레 초등학교'가 아니어도 아무도 모르는 비밀한 곳에서 살아가다 보면 그곳에는 세월 가는 줄 모르는 일들만 존재하게 마련이다. 이것이 생명력 가득한 '고향의 사상'이 아니고 무엇인가. 그래서 필자는 일찌감치 "고향은 키가 자라지 않는 감정이다."라고 단정적으로 정의한 바 있다. 고향 앞에서 철부지 아닌 자가 있을까. 고향을 생각하면서 때때옷입고 뛰놀던 어린 시절로 돌아가지 않는 자가 있을까. 그리 보면 시인은 '영원한 고향주의자'이고 자라지 않는 '영원한 아이'인 지도 모르겠다.

시인이란 언제고 무릉도원이나 민들레 초등학교처럼 나이를 먹지 않는 존재에 다름 아니기 때문이다. 거두절미하고 어느 시간부터는 아예 생장점이 멈춰버린 기형적인 인간이 시인이라는 생각을 되풀이해온 터이다. 시인이 이 같으니 그가 구사한 언어 또한 동일한 것은 물론이다.

시인의 보행은 막힌 것은 뚫고 구부러진 것은 펴고 시든 것들에게는 생기(生氣)를 주사하여 심장을 달아주고 그래서 건강하고 발랄한 생명이 창조될 때까지 온갖 사물들과 반응하거나 어울리면서 '시'의 여행길을 순시하는 나그네에 다름 아니다.

「민들레 초등학교」를 독서하면서 이 작품의 얘기꺼리 만큼 우리들의 논의 또한 장황해졌지만 제대로 된 담론에만 도달하면 이 같은 길이의 논의는 별개의 일이 되겠다고 생각한다. 박판석 시인의 「민들레 초등학교」에서 드러나게 읽힌 관심사는 "시를 쓰자/영원히 시인으로 살자"를 이리 뒤집어 표현한 것이 아니겠는가. 천상 시인일 수밖에 없는 박판석 시인을 두고 "더 이상 자라지 말 것"과 "계속 어린이로 살아갈 것"을 새삼 주문한다.

팔순 넘은 그가
학교에 간다
네모난 도시락과
책 대신 아내를 넣은 배낭을 메고
무등산에 오른다
가볍다, 아내의 정성을 등에 메고 오르는 길
중머리 교실엔 벌써
도반(道伴)의 동료들이 햇살을 깔고 앉아
천황봉을 바라보고 있다
푸른 칠판엔 비행운이
머리 들어 지나온 생(生)을 보라는 듯
한 줄로 일필휘지 곧게 긋고 달아난다
산의 출석 부르는 소리는 침묵이다
꽃은 스스로의 이름을
잎으로 색깔로 위치를 고려하여 대답하지만
사계가 다른 호명은 누구도 예측하지 못할 때가 많다

산의 건강을 체크하며 바람은 장불재를 넘고
상급 학년이 물려준 나무의자는 낡아서
졸수(卒壽)가 되자 그는 아예 산 속으로 들어가
양지 바른 너럭바위 소나무 곁에
흙으로 둥근 집을 짓고
그 후 그가 하산하는 걸 본 사람은 아무도 없다
사람들은 그가 가는 길을
등산이라 부른다
하늘 가까운 정상으로 가는 길을 물으며
끝없이 줄지어
너 나 없이
이승을 넘어 학교에 간다

-「졸업 없는 학교」 전문

무슨 말이 준비된 걸까. "팔순 넘은 그"가 학교에 간다는 사실을 읽으면서 벌써부터 독자들은 흥미가 동한다. 이 작품의 주인공은 "네모난 도시락과/책 대신 아내를 넣은 배낭을 메고" '무등산'이라는 학교에 간다. 도대체가 향학열이 높아진 건지 세상이 그만큼 좋아진 건지! 하기야 따지고 보면 그게 그거라는 생각이 들기도 한다. '그'의 등굣길은 아내의 정성을 등에 메고 오르는 산길이지만 마음은 가뿐하기만 하다. 젊은 시절에도 오르지 않았던 천황봉 등굣길은 걸어둔 푸른 칠판 위로 비행운이 재빠르게 지나가는 '중머리재 교실'이 그려진다. 학생인지 동료교사인지 벌써부터 햇살을 깔고 앉아 천황봉 푸른 칠판을 바라보고 있는 사람들. 수업 개시는 이어질 테고 "머리 들어 지나온 생(生)을 보라는 듯" 선명한 비행운이 줄쳐져 있다. 침묵으로 대신한 산의 출석점호, 이윽고 수업시간이 펼쳐진다.

평생을 교직에서 칠판 걸어놓고 제자들을 가르쳤으니 그에게 인박힌 단어는 자연스럽게 '학교'이고 수업 내용은 '자연'이겠다. "꽃은 스스로의 이름을/잎으로 색깔로 위치를 고려하여 대답하"라는 자리에 누구도 예측 못할 계절이 당도한다. '사계가 다른 호명'은 변화무쌍한 기상상태를 이르는 말은 아니었을까. "산의 건강을 체크"하면서 장불재를 넘는 바람, 부드럽기가 비단결 같았겠다. 그래 이쯤이면 한 차례의 심호흡이라도 뒤따르지 않겠는가. 상급학년이 물려주었다는 낡은 나무의자! 그는 아예 산으로 가고 뒤를 따라 계속 오르는 사람들만 "양지 바른 너럭바위 소나무 곁에/흙으로 둥근 집을 짓고" 세월 보내면서 그의 하산을 지켜보려 했으나 아무도 본 사람이 없었다. 그러면서 시인이 작품에다 담아내고자한 등산의 의미를 이렇게 표현한다. "사람들은 그가 가는 길을/등산이라 부른다"고.

「졸업 없는 학교」는 고산도 야산도 오르게 해

작품의 마무리는 천황봉의 '푸른 칠판'을 보고 오르지만 정상에 이르면 너 나 없이 학교를 졸업하게 된다. 작품에 드러난 '졸수(卒壽)'는 인간의 수명을 졸업했다는 의미이고 끝없이 배우며 다다른 졸업식장은 한 줄로 일필휘지한 자리에서 "머리 들어 지나온 생을" 바라보게 한다. 이승을 넘어 등교한 종착지는 시인이 양지 바른 너럭바위 소나무 곁에 흙으로 지은 둥근 집이었고 그 학교를 졸업으로 갈무리한다.

생을 살고 마치는 일은 이도 저도 아닌, 일종의 등산이다. 박판석 시인이 아니어도 우리 살아가는 일에 계속 세월보태며 오르는 일이니까 이리 아스라한 높이에 이르고 말았다. 그래서 우리 사는 일이 엄연한 등산인 것을 깨우치듯이 알려준다. 산을 오르는 일은 하늘만큼 높아져도 결국은 하늘 아래를 오르는 일이다. 초등학교 시절 시조 작품 "태산이 높다하되 하늘 아래 뫼이로다.…"를 외우면서 언제 우리가 태산만큼 높아질까를 생각했었는데 어느덧 이리 하늘 가깝게 오르다 보니 이러다간 아예 하늘이 되는 건 아닐까를 생각한다.

산을 오르는 것도 등산이고 세월의 높이만큼 나이를 먹는 것도 등산이다. 다만 전자는 하산이 전제된 등산이고 뒤의 등산은 하산이 불가능한 등산이다. 한번 오르면 내려올 수 없는 천길 아스라한 절벽 등반을 우리는 나이란 이름으로 여기까지 올랐던 것이다. 브레이크가 없는 전진을 두고 아찔하다 했는데 하산이 없는 등산 또한 아찔하기는 매한가지다. 「졸업 없는 학교」는 그래서 고산도 오르지만 야트막한 야산도 오르게 하고 아예 하산하는 길을 봉쇄해버리고 짐짓 시치미를 떼는 '독락당(獨樂堂)'의 함의도 있다. 이것이 「졸업 없는 학교」가 우리에게 보여준 이 학교만의 실체다. 아, 대단한 지고, 이 엄청난 아포리즘을 박판석 시인이 이처럼 시로 보여주다니!

할아버지는 닷새 장날이면
강마을 청년들이 장터에 팔러 온 자라를 사서
동네 연방죽에 넣어주었다

한여름 텃밭 울타리 넘어오는 화사(花蛇), 황구렁이
한겨울 폭설로
뒤란 닭장 곁, 몰래 들어온 꿩, 산토끼, 어린 노루
울타리 안으로 들어온
야산 손님들은 모두
우리 집 식솔이었다

사흘 밤낮 지치지 않고 내린 눈
눈보라 치는 폭설도 잦아져
혹한(酷寒)에 찾아오신 길손들에게
할아버지는 아랫목을 내주곤 했다

-「폭설(暴雪)」 전문

박판석 시인의 작품독서를 마무리하는 자리에 「폭설(暴雪)」을 올린다. 이 작품은 박판석 시인이 지켜온 생명정신의 아찔함을 읽어낼 수 있는 수작이다. 강마을 청년들이 장터에 팔러온 자라를 사서 "동내 연방죽에 넣어" 준 할아버지나 "한여름 텃밭 울타리 넘어오는 화사(花蛇), 황구렁이/한겨울 폭설로/뒤란 닭장 곁, 몰래 들어온 꿩, 산토끼, 어린 노루/울타리 안으로 들어온/야산 손님들은 모두/우리 집 식솔"이라 말하는 화자는 다름 아닌 이 작품의 작자인 박판석 시인이다. 그러니까 할아버지든 울타리이든 일단 집안으로 들어온 야산 손님들은 모두 '우리 집 식솔'이라 말하는 화자는 의도한 범애주의자가 틀림없다.

「오디세이」에는 세상의 나그네를 극진하게 대접하는 이야기를 읽을 수 있다. 그들은 모든 만물이 신이고 인간의 형상을 한 신들이 매번 자신이 원하는 방식으로 모습을 바꿔가며 인간의 집을 찾는다고 믿었다. 낯선 자가 자신을 찾았을 때는 어떤 신분인지 누구인지를 묻지 않고 일단 환대부터 하고 그 이방인이 '먹고 마시는 욕망이 충족되도록' 배려한다는 점이 특히 눈길을 끈다. 이들의 이방인 환대의 방식에는 이방인이 제우스 자신이거나 제우스가 보낸 사자가 그 같은 방식으로 찾아온다는 생각에 근거한 것이다.

우리에게 박판석 시인이 들려준 "우리 집 식솔"의 사상은 일방 오디세이에서 읽었던 신들이나 신들의 사자를 받아들인 이웃사랑보다 더 큰 범애주의가 숨 쉬고 있다. 천재지변에 버금갈 만큼 "사흘 밤낮 지치지 않고" 눈이 내리면 혹한과 폭설이 자심할 터이고 그 같은 사태를 피해 인가로 찾아든 '길손'들은 절대 해코지해서는 안 된다는 것이 우리 조상들이 지닌 사랑과 온정의 정신이었다. 춥고 배고프면 산짐승들인들 불기운과 먹을 것이 저장된 인가 외에 달리 찾을 곳이 없었을 것이다. 그렇게 찾아온 손님들은 비록 야생동물이라 해도 인간과 동일 선상의 식솔이다. 새삼 우리의 잠든 몽매(蒙昧)를 일깨워 준다.

이른바 우리가 끌어낸 범애주의는 그리스의 비극작가 아이스킬로스로부터 그 논의를 풀어간다. 그는 신들을 사랑하는 것보다 우선하여 인간을 사랑하는 것을 philanthropia(인간애)라고 하였다. 그리고 이 말은 후일 '박애'를 뜻하는 어원이 되었다. 아리스토텔레스도 『시학』에서 극악인에 대해서 느끼는 사랑의 아픔을 '인간애'라고 보았다. 스토아파의 박애주의와 세계시민주의도 동일 개념으로 논의되었으며 로마시대에 와서는 이 말이 humanitas로 번역되어 단순한 인간애의 의미를 넘어 널리 인간 전반의 교양을 나타내는 말이 되었었다. 근대에는 18세기 독일의 철학자 바도제에 의해 '박애사상의 실현'이 시도되기에 이르렀고 루소로부터 이어받은 범애학교를 설립하고 박애주의정신을 교육하기에 이른다. '박애'는 정치적으로는 프랑스혁명 때 '자유', '평등'과 함께 혁명의 중심 모토가 되면서 평화주의와 비폭력주의 세계주의 무저항주의 등을 빚어내게 되었던 것이다.

그럼에도 박애주의를 담론한 서양사상은 인간애를 고양하는데 한계가 있었다. 허나 조선조에 와서 천지는 부모요 만물은 한 형제이며 동포라던 하서 김인후 선생의 범애주의는 그 사상의 폭과 깊이에서 넓고 심오함을 읽을 수 있다. 고향의식에서 시작된 박판석 시인의 문학은 수직으로는 다층적이고 수평으로는 다양한 주제적 읽을거리를 제공한다. 절차탁마로 보여준 작품들을 깊이 생각하고 간절하게 표현하는 박판석 시인은 기실 문학세상의 출발은 다소 늦었지만 그가 보여준 시적 진지함 내지 성실함과 탁월함은 우리의 예상을 뛰어넘는 성과를 보여주고 있다. 성경 속의 "시작은 미미했으나 나중은 심히 창대하리란" 예언처럼 그의 시적 장도는 계속 창성하리란 생각이고 필자와는 한 갑자의 세월을 어깨동무하면서 예까지 왔고 다음 세상의 행장도 '시인이 되는 일'이나 도정을 함께 하리란 예감이 든다.

고향에 대한 소견을 역지사지한 「고향에 대한 소견서」나 두 날개 펼친 한 마리 새가 되어 비로소 생전의 미망을 '자유'했던 매형의 「귀향」, 짤막하면서도 극명한 시적 형상성으로 인간의 생존문제를 집약시킨 「쿼바디스」, 산과 나와 산 아래 강물이라는 3자적 상황인식을 심정적으로 감 잡게 한 「살아간다는 것」, '행복한'이란 관형어를 생기 있게 얹어 세상을 반어적으로 노래한 「행복한 나라 임금」, 거짓말 저수지의 신화성을 예술적 상상력으로 펼쳐낸 「거짓말 저수지」, 산과 물의 상생관계를 소나무 같은 순수서정으로 접근한 「산과 호수」, 바람 모르게 반디불이의 어깨를 모으는 민중들의 결사를 옹골진 표현으로 풀어간 「풀잎 하나」, 생기의 심장을 달아주고 여러 사물과의 반응을 재치 있게 묘사한 「민들레 초등학교」, 오르고 내린 생의 문제를 등산에 비견한 「졸업 없는 학교」, 박애주의적 인간애를 넓고 심오하게 보여준 「폭설」 등 박판석 시인의 시작품을 독서하면서 우리가 다다른 곳은 '인생'이거나 '고향'이었고 젊고 풋풋한 생명정신의 원초성을 노래하고 있었다.

"생의 이야기로 '인생'을 담는 시"

괴테는 말한다. "시는 어린 시절에는 '노래'이고 중년에는 '철학'이다가 노년에는 '인생'이어야 한다."고. 필자는 박판석 시인의 작품들을 여기까지 읽어오면서 노래나 철학이기보다는 드러나게 '인생'임을 읽었다. 문학이 지향하는 세계적 궁극성은 노래도 철학도 요구되지만 더 깊은 인생을 수용함으로써 비로소 본연의 자리를 찾아가는 일이다.

평소 박판석 시인을 지근에서 지켜본 필자로서는 그의 시편들이 사색을 통한 현장성의 사유라는 점에서 문학성의 가치가 도저하다고 말하고 싶다. 그는 생의 축적된 시간들을 호수처럼 맑은 물길로 담아 주변의 여러 표정들에 굽이쳐 갔었다. 그리고 그것들은 그가 부대낀 세상 사람들과의 다층적 이야기라는 점에서 더더욱 진실 된 언어로 읽혀졌고 우리의 가슴을 두드렸던 것이다. 그에게는 유난히도 골방의 시간이 많았던지라 허투루 언어에 진입하지 않는 신중함이 있고 그 자신만의 공간에다 자신의 언어를 숙성시켰던 것이다. 시인에게 우선한 것은 자신의 언어를 자신만의 시간 위에 펼치는 일이라고 하겠는데 박판석 시인에게도 그만의 시간이 족히 비축되어 있었던 것이다. 박판석 시인은 불의(不義)하고 수틀리면 분노하고 격앙하지만 그렇다고 그 같은 일을 다혈질적으로 펼치는 사람은 아니다. 언젠가 자동차의 CM에 "소리 없이

강하다."란 표현이 있었는데 박판석 시인의 언어 또한 무언이면서 절차탁마의 내적 강인함을 체질로 보여준다는 점에서 묘하게 겹쳐지는 부분을 느낄 수 있다.

시는 시적 리얼리티를 미묘함과 경이로움에 배합하여 하늘 높은 곳에 걸어둔 환상의 무지개라고 할만하다. 요즘 시의 추세가 사실주의 쪽으로 기우는 감이 있지만 그 같은 현상은 복잡다기한 세상에서 사람들의 파편화된 생각이나 의미적인 생을 시라는 유기체로 빚어내는 과정에서 또 다른 길이 개척되고 있음을 뜻하는 것이니 이는 우려하기보다는 다양한 표현의 숲을 만끽하는 독자에게 보다 직접적인 감동을 제공한다는 점에서 마땅하다는 생각 또한 지울 수 없다. 그리고 그 같은 경향이 박판석 시의 서정성에서 갖가지 생의 문제나 이야기들을 더더욱 풍성하게 꽃피우고 결실했다는 점에서 그가 펼쳐낸 언어적 체험의 오지랖만큼이나 폭넓은 간절함이 펄럭이고 있었다.